DAS BUCH VOM BALLETT

DAS BUCH VOM BALLETT

VON

FERDINANDO REYNA

AIMERY SOMOGY - PARIS

AUS DEM FRANZÖSISCHEM ÜBERTRAGEN VON EVA RAPSILBER UND RAINER ROCHLITZ

LIZENZAUSGABE MIT GENEHMIGUNG DER EDITIONS AIMERY SOMOGY, PARIS
FÜR BERTELSMANN, REINHARD MOHN OHG, GÜTERSLOH
DIE EUROPÄISCHE BILDUNGSGEMEINSCHAFT VERLAGS-GMBH, STUTTGART,
UND DIE BUCHGEMEINSCHAFT DONAULAND KREMAYR & SCHERIAU, WIEN
DIESE LIZENZ GILT AUCH FÜR DIE DEUTSCHE BUCH-GEMEINSCHAFT
C.A. KOCH'S VERLAG NACHF., BERLIN-DARMSTADT-WIEN
GESAMTHERSTELLUNG PRINTER INDUSTRIA S.A. BARCELONA
REPRODUKTIONSRECHTE SPADEM, PARIS
PRINTED IN SPAIN
ISBN 2-85056-150-9
BUCH-Nr 01802 8

INHALT

Der Verfasser des Kapitels „Die Jahre 1965-1980” ist Jean-Claude Diénis

Meiner Ansicht nach beschränkt sich der Tanz nicht auf eine körperliche Bewegung, Zerstreuung, ornamentale Kunst und manchmal ein Gesellschaftsspiel; er ist eine ernste Angelegenheit und in verschiedener Hinsicht sehr verehrungswürdig. Von allen Epochen, die den menschlichen Körper begriffen oder wenigstens das Geheimnis dieser Gestaltung, die in ihr enthaltenen Mittel, Begrenzungen, Energieverbindungen und Empfindungen erfühlt haben, wurde der Tanz gepflegt und verehrt.

Paul Valéry

I Die Anfänge des Balletts: vom „Ballo“ zum „Balletto“

Auf dem Gebiete des Tanzes kannte das Mittelalter nur Volkstänze und höfische Tänze, jene *Basses-danses,* wo der Kavalier seine Partnerin am kleinen Finger führte; beide tanzten recht und schlecht zu einer Musik, die zu den begleitenden Versen in ewigem Widerspruch stand.
Auf den Seitenwänden einer in der Akademie von Florenz befindlichen prachtvollen Holztruhe, die vermutlich die Aussteuer eines jungen Mädchens enthielt, sind die Tänze dargestellt, die in Florenz an einem Maitage im Freien unter einem großen Baldachin aus schillernder Seide stattfanden, um die Hochzeit von Boccaccio Adimari und Lisa Ricasoli, beide Angehörige der reichsten Florentiner Familien, zu feiern. Diese Tänze sind bereits geordnet und werden nicht mehr mit dem Durcheinander der mittelalterlichen Rundtänze ausgeführt. Was war geschehen? Das Zeitalter der Renaissance war gekommen. Nachdem sie auf allen Gebieten, Religion, Malerei oder Philosophie, mit der Tradition gebrochen hatte, mußte sie beim Tanz eine Revolution hervorbringen, eine Revolution, die sowohl eine logische Weiterführung der mittelalterlichen Grundzüge wie auch gleichzeitig eine neue Erfindung bedeutete.
Die Choreographie kam an den italienischen Höfen des Quattrocento auf, war jedoch nicht das Werk von Edelleuten. Sie wurde von Menschen einfacher Herkunft geschaffen, deren Inspiration noch nicht durch eine höfische Lebensführung erstickt worden war. Und doch – und dies ist ein Zug des italienischen Genies – wurden diese Männer in die gute Gesellschaft aufgenommen und von ihr geschätzt. Außergewöhnlich für jene Zeit ist, daß zu ihnen eine Anzahl

von Juden gehörte, die ihren Ursprung nicht verbargen und den Beinamen „Hebräer“ behielten.
Warum Juden? Weil Italien das einzige Land war, wo ihnen die Laufbahn eines Tanzmeisters offenstand, und während sie in Spanien die von den Arabern ererbte Medizin im Geheimen ausüben mußten, ließen sie ihrem Genie in Italien freien Lauf.
Domenico da Piacenza, auch Domenico da Ferrara genannt, der erste Choreograph der Geschichte, wurde gegen 1450 geboren. Sein Traktat de *Arte Saltandi et Choreas Ducendi* (Über die Kunst zu tanzen und Chöre zu leiten), der sich heute in der Pariser Nationalbibliothek befindet, besteht aus zwei Teilen. Im ersten Teil, der den körperlichen Bewegungen gewidmet ist, zählt er die fünf wesentlichen Elemente des Tanzes auf, und zwar: *misura, maniera, memoria, partir di terreno* (Takt, Art, Gedächtnis, Flächenaufteilung) und die *aìre* oder künftige Elevation.
Vom Takt wurde sehr ernsthaft gesprochen. Für Domenico bedeutete er das Hauptprinzip, das die dem Rhythmus der Musik entsprechenden schnellen oder langsamen Bewegungen bestimmt. Die Musik hängt eng mit der „maniera corporea“, d. h. mit der Initiative des Tänzers zusammen, und letztere war unerläßlich, wenn man den Tanz von seinen starren Formen befreien wollte. Diese Stilentwicklung wird durch die Bedeutung verständlich, die man dem „partir di terreno“ zumaß, das sowohl dem Tänzer wie auch dem Choreographen empfohlen wurde. Die „memoria“ war selbstverständlich grundlegend, denn es handelte sich nicht mehr darum, überlieferte Tänze auszuführen, sondern Kompositionen zu interpretieren. Doch ohne den „misterio“ (der wie ein Geist inspirierte Körper), die geistige Natur des Tanzes, wären das nur trockene Übungen geblieben. Die Bewegungen mußten der Auffassung des Tanzmeisters entsprechend nach der Musik ausgeführt werden, was zu jener Zeit eine Neuerung war. Eine andere Neuerung: Er bildet anschließend seine Taktfolge aus: *Bassa danza, Quadernaria, Saltarello,* und den Abschluß bildete der schnellste Takt, die *Piva* (Dudelsack).
„Ich bin die *Bassa danza*, die Königin der Tempi, und würdig, die Krone zu tragen. Nur wenigen Leuten gelingt es, mich auszuführen, und derjenige, welcher mich gut tanzt und spielt, hat zweifellos eine Gabe des Himmels empfangen.

Höfischer Tanz.
Aus dem Traktat des
Guglielmo Ebreo

Bäuerlicher Tanz mit Dudelsackspieler

Man nennt mich *Quadernaria*, und wenn die Musiker mich gut ausführen, werden sie mich um ein Sechstel schneller finden, als die Königin der Tempi. Wenn ich von einem guten Musiker im rechten Zeitmaß gespielt werde, stehe ich zwischen der *Bassa danza* und dem *Saltarello*.

Ich bin der *Saltarello*, den man auch *Pas de Brabant* nennt, und um zwei Sechstel schneller als die *Bassa danza*. Wenn die Musiker mich vorsichtig spielen, werden sie finden, daß ich die Mitte zwischen dem Tempo der *Quadernaria* und des Dudelsacks einhalte.

Man nennt mich Dudelsack, und unter den Tempi bin ich das geringste, denn man spielt mich im gemeinen Volk. Wegen meiner Geschwindigkeit übertreffe ich mich sogar selbst, ich halte die Mitte der *Bassa danza*.“ (Auszug aus dem Traktat des Domenico da Piacenza.)

Der Meister führt seine Schüler somit zu Schwierigkeiten,

AD ILLVSTRISSIMVM PRIN
CIPEM ET EXCELLENTIS
SIMVM DOMINVM DOMI
NVM GALEACIVM VICE
COMITEM COMITEM
PAPIAE & CAETERA.

GLORIA SOPRA OGNI GLO
RIA ALTO SIGNORE
CVI STVDIO DI PRVDEN-
ZA & DI VIRTVTE
TIRA IN TRIVMPHAL CAR-
RO A SOMMO HONORE

Poi che sul piu bel fior di giouentute
va dato il ciel belleza ingegno & gratia
Di quante dote son tra noi uedute
Io come quel che non gia mai si satia
Seruir sforceschi in quanto ho possa & arte
Resarcito ho per uoi quel chaltri stratia
Dico chel danzar sparso in uarie carte
Ho colto in questa opretta e i suoi fragmenti
Chora a uoi mando per faruene parte

Illuminiertes Titelblatt des Traktats von Guglielmo Ebreo

die für vom Mittelalter ausgebildete Tänzer besonders groß waren.
Auf natürliche Weise: „Suche jedem Tempo nach seiner Entfernung schnell oder langsam seine natürliche Ordnung zu geben; auf zufällige Weise: lerne die Tempi voneinander zu trennen, d. h. aus zwei Tempi der *Piva* eine *Bassa danza* zu machen und aus einem Tempo der *Bassa danza* zwei der *Piva* zu schaffen ... denn alle, die in das Geheimnis eindringen und gute Tanzexperten werden wollen, verlieren ihre Zeit, wenn sie nicht alle diese Operationen ausführen können."
Nach solchen Übungen mußte ein guter Schüler des Domenico eine außergewöhnliche Geschmeidigkeit und Technik erlangen.
Im zweiten Teil des Traktates zählt Domenico, der Tanzmeister, die Grundschritte auf, von denen neun natürlich und drei zufällig sind. Natürlich sind: *passo simplice, passo doppio, la represa, la continenza* oder *posa nobile, la riverenza, il giro, il mezzo-giro, il salto, il movimento.* Zufällig: *il battito di piedi, il passo corso* und *il cambiamente di piedi.* Somit wurde zum erstenmal ein Repertoire von verwend-

Hochzeit von Boccaccio Adimari mit Lisa Ricasoli

baren Bewegungen geschaffen, die vom thematischen Zusammenhang unabhängig waren. Die Choreographie war geboren.
Domenico gab sich als Urheber dieser Tänze zu erkennen und fügte ausdrücklich hinzu, daß sowohl Musik wie Choreographie seine „Erfindung" wären. Im ganzen siebzehn *Balli* und vier *Basses-danses.* Von den schwerfälligen Figuren und schiebenden Tänzen kam man immer mehr ab, der Rhythmenwechsel des „Ballo" brachte die Freiheit.

AMBROSIO DA PESARO

In seinem zweiten Traktat beschreibt Messer Ambrosio da Pesaro den Tanz wie folgt: Er ist ein demonstrativer Akt, der zu einer mehrstimmigen Melodie in Harmonie steht. In diesem Werk behandelt er fünfzehn Arten von *Saltarelli, Balli* und *Basses-danses,* unter denen sich eine französische Ballade und ein „Ballo", ein Werk des Lorenzo von Medici, befinden, sowie einige aus Deutschland, der Türkei und Spanien stammende Tänze.

L'EBREO

„L'Ebreo" nannte man ihn. „Den Juden." Dieses Wort, das so lange zur Bezeichnung des Wucherers diente, bildete mit dem Vornamen Guglielmo den Namen eines der größten Tanzmeister und Choreographen des italienischen Quattro-

cento. Nach dreißigjähriger Tätigkeit schrieb dieser Schüler des Domenico da Piacenza 1473 *De Pratica seu Arte Tripudii,* ein reichbebildertes Lehrbuch, das dem Fürsten Galeazzo Sforza gewidmet war. Diese edle Geste der Demut ermöglichte ihm zu gleicher Zeit, prachtvolle Feste, berühmte Namen und gemimte Moriskentänze neu aufleben zu lassen. Er sorgte sich um jede Einzelheit und sah an den Kostümen seiner Tänzer sogar nach dem letzten Knopf. Auch er rät seinen Schülern, im Kontratempo zu tanzen, um sich beim Tanz gelehrt und intelligent zu erweisen.

Und das Ballett? Dieses Wort bestand noch nicht. Im *Traktat über den Tanz* von Domenico und Guglielmo begegnet man ihm zum erstenmal; bei diesem „Balletto" handelt es sich um eine Komposition mit dem Titel *La Male Graziosa.*

CORNAZZANO

Einige Jahre vergingen, und Cornazzano erschien. Cornazzano da Piacenza, Edelmann und Schriftsteller, faßte sowohl religiöse wie auch obszöne Schriften ab. Sein von 1465 datiertes Buch behandelt die Entwicklung des Tanzes zum Ballett.

„... In Italien sind die Ballette jetzt sehr in Mode. Es handelt sich um Kompositionen aus mehreren Tempi, welche die neun Bewegungen des Tanzes enthalten können, selbst solche, die augenscheinlich widersprüchlich sind, wie die von *La Mercantia* und *La Sobria,* werden miteinander verbunden."

Tanz mit zwei Männern, einer Frau und Musikern

Die Schule hat sich entwickelt, zu dem von Domenico eingeführten Repertoire kommen neue Tanzschritte. Man wird sich der unglaublichen Möglichkeiten des menschlichen Körpers bewußt, zur selben Zeit wird stilisiert, kodifiziert und ausgemerzt.
Die Musik, die zu jener Zeit nur Tanzmusik war, wird durch ein Instrument, die Laute, bereichert und auch, wie Guglielmo so nett sagt, „durch gewisse sanfte Regungen, die wir gegen die Natur in uns verschließen, und die sich darum exterriorisieren wollen, um zu einem sichtbaren Akt zu werden“.
Um das Entstehen des Balletts zu erklären, hat man es bald auf den damals herrschenden Humanismus zurückführen wollen, bald der „Erfindung“ eines einzigen Mannes zugeschrieben. Wenn das Ballett jedoch das Werk von Erfindern war, so schöpften diese aus der reichen Materie vergangener Jahrhunderte, die manchmal auch außerhalb Italiens zu finden war. Auf sonnenverbranntem Boden, wo der Mensch nur anhält, um sich sein Zelt zu bauen und sein Pferd weiden zu lassen. In Arabien . . .

Tanz der christlichen Kardinaltugenden

Der Cid und die Moriska

II Der Cid, die Moriskentänze und Signore Negri

Nach der spanischen Legende wäre Europa ohne den Cid arabisch geworden. Die Rückeroberung machte auf die Zeugen des Mittelalters einen so tiefen Eindruck, daß die „Moriska“ (moresca) entstand, eine getanzte Chronik der unaufhörlichen Kämpfe zwischen Christen und Ungläubigen. Wie die Choreographen des 20. Jahrhunderts sich mit den Problemen ihrer Epoche, mit der Psychologie des Individuums befassen, übertrugen die des Mittelalters ihre durch Religion und Krieg veranlaßten Besorgnisse. Daraus entstanden die Mysterien und die Moriska.

An Festtagen zogen die jungen Leute zusammen auf Dorfplätzen oder in Mittelmeerhäfen ein. Unter ihnen befand sich der „Mattacino“ (Possenreißer).

Der *Mattacino,* dessen Gesicht geschwärzt und dessen Kopf mit einem Turban bedeckt war, trug einen Brustharnisch, an den Füßen ein Schellenband und war mit Schild und Holzdegen bewaffnet. Zum Rhythmus der Trommeln und Pfeifen, den einzigen Instrumenten jener Zeit, tanzte er auf orientalische Weise und wurde bald von seinen ebenfalls bewaffneten Feinden umringt. Dieses Scheingefecht endete immer mit dem Tode des *Mattacino.*

Aber bald entwickelte sich die Moriska von einer kriegerischen Evokation zu einem Divertissement; zu den Kämpfern kamen noch Sänger und eine Frau, deren Rolle ein Mann innehatte. Die komplizierten Tanzfiguren, die erforderlichen Degenstöße, die herausfordernden Gesten und der übliche Sprung über den Degen wurden vom Rhythmus der Trommeln und Pfeifen begleitet. Nach der getanzten Schlacht kam endlich die „Rosa“, die Endfigur der Pantomime, in

der die neu gruppierten Tänzer den Mattacino mit seinen Schellen in die Luft warfen.
Bald drang die Moriska auch in religiöse Aufführungen ein: Karren beförderten Dekorationen, symbolische Requisiten und Schauspieler dieser italienischen Version der Mysterienspiele durch die Straßen und hielten vor der Kirche an. Dort spielte man die *Erschaffung des Adam* oder die *Vertreibung aus dem Paradiese,* je nach dem Geschmack der Stadt mit mehr oder weniger Musik und Tanz. In Florenz hatte die Schönheit den Vorrang, in Venedig hingegen eine unbestimmte Sinnlichkeit, die beim Nahen der Renaissance anschwellen sollte.
Mit dem Nahen des 16. Jahrhunderts drang in den christlichen Themenkreis das Heidentum ein. Aus den „Sacra representazioni", die aus den christlichen Mysterienspielen und Legenden des 14. Jahrhunderts sowie den in Florenz zu Ehren des Schutzheiligen S. Lorenzo stattgefundenen Festen entstanden waren, machte Lorenzo Il Magnifico die „Triumphe", prunkvolle auf Karren aufgeführte Maskenschauspiele, die sich aus den mittelalterlichen Maskeraden entwickelt hatten.

Fabritio Caroso

Diese von Lorenzo il Magnifico eingeführten „Triumphe" wurden im Europa Karls V. zu einer klassischen Gewohnheit beim Empfang großer Persönlichkeiten. Wenn man sich zerstreut, soll das mit Aufwand geschehen, so hieß die Devise jener Zeit.
In diese „Triumphe" wurden zahlreiche Intermezzi eingeschoben: Gesänge, Tänze, Gedichte. Alle Vorwände waren recht.
In der religiösen Vorstellung *Heilige Cäcilia* „setzen sie sich zu Tisch, und während sie schmausen, wird getanzt". In *Esther:* „Als der Bote eintrifft, wird getanzt ..."
Als Annibale Bentivoglio 1492 Lucrezia d'Este ehelichte, schritten die Nymphen der Diana unter Musikbegleitung vor, flüchteten vor dem Angriff der Wilden, und die ganze Gesellschaft versöhnte sich bei Venus. Eine andere Hochzeit, ein anderes Schauspiel: Bei der Heirat von Guidobaldo de Montefeltro mit Elisabeth Gonzague nahmen an der Festlichkeit hunderte von Raffaels Vater ausgesuchte Tänzer teil, die von dem berühmten Choreographen Lavagnolo geleitet wurden. Ludovico il Moro bot dem Brautpaar Gian Galeazzo Sforza und Isabella von Mailand ein Tanzfest.

Die Intermezzi drangen nicht nur in „Triumphe" und Maskeraden ein. Das gleiche war bei den antiken Tragödien der Fall, die damals in hohem Ansehen standen. Man ging sogar etwas zu weit, und verschiedene Gelehrte schätzten diese Zutaten zu den Komödien des Plautus, die nicht einmal durch die Handlung gerechtfertigt waren, recht wenig. Denn es handelte sich beim *Orfeo* des Poliziano, der die griechische Tragödie neu beleben wollte, nicht mehr um ein Divertissement oder leere Zerstreuungen, sondern um ein Kunstwerk, das einheitlich sein sollte.

POLIZIANO

Die Humanisten wurden schließlich besiegt, und das begeisterte Publikum brauchte nicht auf die Intermezzi zu verzichten: Kämpfe, Scheinjagden, Pantomimen, Gesang und vor allem Tänze. In den *Saltarello,* die *Gaillarde* und die *Pavane* war man ganz vernarrt. Am beliebtesten blieb jedoch der Moriskentanz, denn dieses Thema erlaubte alle dramatischen Entwicklungen.

Der Moriskentanz emanzipierte sich wie das religiöse Theater. Er wurde prunkhaft und phantastisch. Aber man verwandte dabei so viel Farben, Gold- und Silberstoffe, Pantomimen und auch antike Sujets, daß man zum Schluß nicht mehr wußte, worum es sich eigentlich handelte.

Cesare Negri

Bei den Schauspielen wurde die Trennung der Genren nicht eingehalten. Um Divertissements zu schaffen, die allen gefielen, wurden alle Künste herangezogen. Malerei, Pantomime, Musik (die bereits die Laute einsetzte), Tanz, Reiten: alles war recht. Leonardo da Vinci und angeblich auch Botticelli entwarfen für die Tänzer Attribute und Kostüme. Das geschah zu jener Zeit, als Italien die französisch-flämische Musik ablehnte und sich für die Heiterkeit und Schnelligkeit der „Volta" begeisterte. Bald sollten städtische Theater begründet werden, die Edelleuten wie Kleinbürgern offenstanden.

Die prachtvoll verworrenen Aufführungen der öffentlichen Plätze mußten somit geordnet und auf die Ausmaße eines Palastsaales beschränkt werden. Die langweilige Feierlichkeit der *Basses danses* sollte nun ein Ende finden. Was bisher ein Volksfest gewesen war, mußte zu einem privaten Divertissement von vorgeschriebener Dauer umgestaltet werden, das gleichzeitig durch eine persönliche Auffassung geprägt wurde. Kurzum, aus einer halben Improvisation sollte eine vollendete Kunst entstehen.

Domenico da Piacenza war nicht der „Erfinder" des Balletts. Er wurde in einem Jahrhundert mit reichen aber ungeordneten Möglichkeiten geboren und tat nichts anderes, als aus diesem Gewirr das Lebensfähige auszuwählen, zu ordnen und zu kodifizieren.

Dann traten Männer auf den Plan, die sich seiner Ideen bedienten, so wie er sich des Mittelalters bedient hatte.

CESARE NEGRI

Als Cesare Negri, „le Trombone" genannt, das Licht der Welt erblickte, war Mailand die europäische Hauptstadt des Balletts und das Ballett der König der Divertissements. Das war im Jahre 1530.

Im 16. Jahrhundert schrieb man wie später im 18. Jahrhundert sehr viel und sorgfältig über alles Mögliche. Wie seine berühmten Vorgänger schrieb Negri seine *Gracie d'Amore* erst im Alter. Durch dieses autobiographische Lehrbuch wissen wir, daß er schon in jungen Jahren den Tanz lehrte und als Tänzer und als Choreograph tätig war.

Als Don Juan d'Austria die Türken bei Lepanto besiegte, sah man Negri vor den auf dem Admiralsschiff vereinigten Kapitänen tanzen. Auch in Mailand tanzte Negri wieder für Juan d'Austria.

Am 25. Juni 1564 symbolisierte er mit fünfundzwanzig Karren eines großen Maskenzuges den Verdacht, das Verlangen, die Angst, kurzum alle Regungen der Seele. Auf der heutigen Piazza della Scala stiegen die Teilnehmer dieses Zuges von ihren Karren und tanzten einen „Brando". Der von Castiglione im „Cortigiano" erwähnte „Brando" stellte wie der Moriskentanz eine Etappe zum Ballett dar und ließ den Choreographen jener Zeit viel schöpferische Freiheit.

1564 verließ der künftige Heinrich III. überstürzt Polen, um den französischen Thron zu besteigen. Nachdem er den Festlichkeiten in Venedig beigewohnt hatte, hielt er am 6. August in Cremona an, um dort Negri und seinen Schüler Farrufino tanzen zu sehen. In Magenta begegneten sich König und Tänzer von neuem. So tanzte Negri bis zu den Alpen bei jeder Etappe für den König.

Cesare Negri war der berühmteste Tänzer des 16. Jahrhunderts geworden. Über vierzig Schüler des Meisters waren an fast allen europäischen Höfen zu finden. Agosto Cesare aus Parma weilte lange Zeit bei den flandrischen Fürsten. Der Kaiser Maximilian engagierte Beccaria Carlo. Barbetta

Alessandro aus Bologna lebte am Hofe des Herzogs von Bayern, Martinello Stefano an dem von Köln. Karl V. und Philipp II. stritten sich um einen anderen Schüler Negris, und auch die Herzöge von Polen hatten ihren unvermeidlichen Italiener.
Sobald die Italiener ankamen, verschwand die *Basse-danse* des Mittelalters.
Zum Segen des französischen Balletts hatte der Marschall von Brissac, Vizekönig von Piemont, endlich den gescheiten Einfall, Diobono aus Mailand in seine Dienste zu nehmen. Ihm folgte der Tänzer und Choreograph Tettoni Bernardo, und hinter ihm drängte sich ein gewisser Baldassare de Belgiojoso ein, von dem später viel die Rede sein sollte.

DIOBONO

Nachdem Diobono sich in Frankreich niedergelassen hatte, wurde er Präzeptor des Herzogs von Orleans. Heinrich II. würdigte Bernardos Talent, Franz II. und Karl IX. taten das gleiche. „Baldassarino“ hingegen (der „kleine Balthasar“) verwandelte sich, ehe er durch die größte choreographische Leistung des Jahrhunderts berühmt wurde, in „Balthasar de

La Battaglia, ein Ballett mit vier Tänzern von Cesare Negri

Der „saut du nœud“ (Knotensprung)

Ausgangsstellung des „double tour en l’air“

Contre-pas nach den Versen von Ovid

Beaujoyeux“, den Brantôme die „beste Geige der Christenheit“ nennt. Dann ließ Diobono Palvello Ludovico den geschätzten Interpreten gesungener Ballette an den Hof der Valois kommen. Giovanni Gallino, der Ballettänzer des Königs, wurde Präzeptor der jungen Edelleute. Er förderte Kraft, Anmut und Geschicklichkeit seiner Schüler durch Reiten, Fechten und Tanz.

Von ihrem Charme und ihrer Kunstfertigkeit bezaubert, wurde man an den königlichen Höfen nicht müde, den Aufführungen dieser unnachahmlichen italienischen Ballettmeister zuzuschauen. 1604 wurde *La Gracie d’Amore* unter dem präziseren Titel *Nuove Inventioni di Balli* neu aufgelegt.

Dieses Werk, das bereits die Grundbedingungen des akademischen Tanzes enthält, besteht aus drei Teilen: allgemeine Hinweise, fünfundzwanzig technische Regeln, richtiggehende Unterrichtsstunden, und endlich den „Balli“, „Brandi“ und „Pavanes“ mit Tablaturen für Laute und choreographischen Beschreibungen. Unter den verschiedenen Tanzschritten befand sich ein amüsanter aber gewiß schwieriger „saut du nœud“ (Knotensprung): Man muß dabei mit der Fußspitze den Knoten eines von der Decke herabhängenden Seiles berühren.

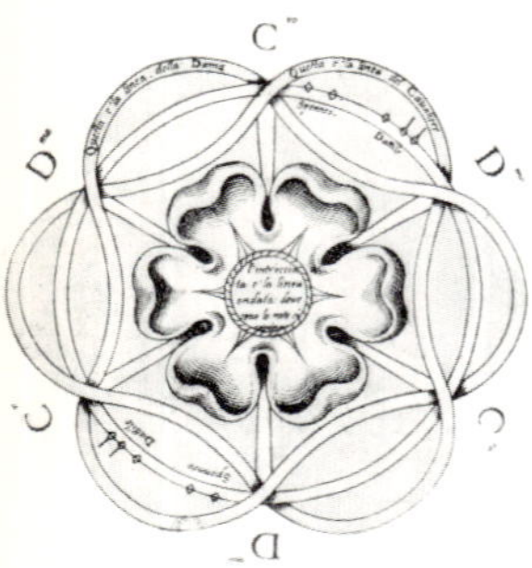

Bei diesen Balletten stellten die „Mutanze“ eine abgeschlossene Figur dar und entsprachen bereits einem vollkommen entwickelten musikalischen Thema. Natürlich beschränkte man sich jetzt nicht mehr auf die langsamen und majestätischen Pavanen, sondern arbeitete sich bereits redlich ab: zehn Varianten für eine einzige Pirouette, sechs für die *Tour sauté,* Kapriolen.

Preparation

An diesen eleganten Akrobatenkunststücken nahmen die tanzenden Damen selbstverständlich nur mit Vorsicht teil. „I piedi in fuora!" sagte Negri zu seinen Schülern. „Die Füße nach außen!" „Beine und Knie gut durchgedrückt! Am Ende dieses Sprunges ein wenig die Knie öffnen. Die Ellbogen beim Drehen leicht abspreizen, um anmutiger zu erscheinen." Der Meister zog auch vor, daß man auf den Fußspitzen tanzte, allerdings handelte es sich in Wahrheit nur um einen halben Spitzentanz. Auf jeden Fall sind diese Vorschriften für seine Zeit außergewöhnlich fortschrittlich.

CAROSO

Das Lehrbuch des Caroso ist ebenso modern, wenn auch weniger geordnet: Das 1577 veröffentlichte Werk *Il Ballerino* ist der Hofdame Bianca Cappello de Medici gewidmet und läßt eine gewisse Übereinstimmung mit der Arbeit Negris erkennen. Der in Sermoneta bei Rom geborene Caroso war jedoch gewiß kein Plagiator, sondern diese Ähnlichkeit der beiden Abhandlungen beweist ganz einfach, daß bereits eine einheitliche Schule bestand.

Über Caroso weiß man, daß er seine Choreographie zeichnete, ehe er sie tanzen ließ. Die vierundfünfzig Regeln seines Werkes veranschaulichen die Entwicklung der Technik seit den genialen Anfängen von Cornazzano und dem „Ebreo". Da wir uns inmitten des humanistischen Zeitalters befinden, spricht Caroso sogar von „Distichon" und „Spondeus", denn er ließ seine Schüler, wie er sagte, nach der Metrik der Alten tanzen. Auf der anderen Seite der Alpen versuchte der Dichter du Baïf zwischen antiker Metrik und französischer Dichtung eine Einheit zu schaffen.

Venedig, Tanz im Freien

Die für den „Ballerino" geschriebene Musik stand ausschließlich im Dienste des Tanzes.

Das Ballett von Caroso und Negri geht weit über das 15. Jahrhundert hinaus und kündigt bereits die Kontertänze des 17. Jahrhunderts an, wie auch die „Balletti" bereits die Sonate erahnen lassen.

Aber was ging am französischen Hofe vor sich? Dort bereitete man eine denkwürdige Soiree vor, die von Catharina von Medici veranstaltet wurde.

Ballett der Catharina von Medici
zu Ehren der polnischen Gesandten

III „Le Ballet comique de la Reine"

Seit den ersten Jahren des 15. Jahrhunderts findet man unter den mittelalterlichen Divertissements, die bisher von den Themen der Turniere, d. h. kriegerischen Heldentaten, ausgingen, auch Feste im italienischen Stil mit Maskeraden und „Maschinen". Christine de Pisan berichtet, daß im Verlauf eines 1401 im Palast des Herzogs von Orléans stattgefundenen Festes junge Mädchen singend von der Wölbung des Festsaales herabgestiegen seien. Man sollte nicht vergessen, daß die Gemahlin des Herzogs, Valentina Visconti, Italienerin war und ihr Heimatland vermutlich in Begleitung einiger landsmännischer Künstler verlassen hatte. Trotzdem tanzte man noch weiterhin nach den langsamen und feierlichen Rhythmen der *Basse-danse.*

Am Ende des Jahrhunderts waren Karl VIII. und seine Soldaten verzaubert wie Kinder aus Italien zurückgekehrt. Hieß es nicht in Ferrara:

„Wer von einer Welt in die andere eingehen will, sollte Pietrobono spielen hören; wer den Himmel offen sehen will, sollte die Freigebigkeit des Herzogs Borso genießen; und wer das Paradies auf Erden erleben will, muß Madonna Beatrice auf einem Fest tanzen sehen."

In Italien befand sich die Renaissance auf ihrem Höhepunkt und hatte eine Befreiung gebracht. In Frankreich importierte man aus Italien eine Doktrin: den Humanismus, ausgedehntere kulturelle Beziehungen und glänzendere Divertissements als vorher.

Prachtvolle Umzüge fanden statt, Apollo, Musen und Nymphen wurden zu neuem Leben erweckt. Du Baïf wollte, dem Beispiel der Griechen folgend, die vollkommene Synthese Musik - Poesie - Tanz verwirklichen. Hierzu gehört auch, daß Caroso Jahre zuvor von einem *Contre-pas* gesprochen hatte, der „ganz mathematisch nach den Versen Ovids ausgeführt wurde". Baïf wollte sogar eine musikalische und literarische Reform herbeiführen. Während Italien, das von demselben Verlangen ausging, seine Schritte unter der Leitung eines erfinderischen Genies zur Oper lenkte, schlug die Reform der Rhetorik in Frankreich fehl. Die von Karl IX. autorisierte Akademie wurde aufgelöst. Trotzdem trugen die neuen Ideen Baïfs zur Assoziierung von Musik, Tanz und Poesie bei, deren Elemente man bisher nicht hatte miteinander vereinen können.

Im 16. Jahrhundert bestand das französische Ballett nur aus Intermezzi auf italienische Art, d. h. einer gefälligen Mischung aus Gesang, Pantomime und Tanz. Bei Aufführungen im französischen Stil wurde mehr gesprochen als gesungen. Die Intermezzi drangen überall ein: in die Komödien, in die Tragödien, in die Divertissements. Gleichzeitig traten italienische Tänzer auf, die manche Zuschauer skandalisierten. Dann kam Catharina von Medici. Die Florentinerin, die ständig neue Schauspiele förderte, vor allem wenn sie aus ihrem Heimatland kamen, hatte viel Sinn für Publizität.

Bracelli, Kostümentwurf für ein Ballett

Somit dienten ihr diese Feste im italienischen Stil nicht nur als Divertissements, sondern auch zur politischen Propaganda. Wenn die Königin 1544 in Blois auch die *Sophonisbe* des Italieners Trissino ohne Hintergedanken geben ließ, so dachte sie sich selbst ein anderes Schauspiel aus: *La défense du paradis (die Verteidigung des Paradieses).*

Im Verlauf dieser Aufführung verteidigten Karl IX. und seine Brüder unter Musikbegleitung das irdische Paradies gegen die Angriffe Heinrichs von Navarra und seiner Freunde. Natürlich wurden Heinrich und seine Truppe geschlagen und landeten in der Hölle. Deutlicher konnte man sich nicht ausdrücken. Und wenn die folgende Handlung auch zeigte, wie die Hugenotten in extremis von dem höllischen Feuer errettet wurden, so war diese Geschichte doch ein schlechtes Vorzeichen. Einige Tage später mordete man in den Straßen. Dieses Ballett war die „Generalprobe" zur Bartholomäusnacht gewesen. Doch berichtet Brantôme, „tanzte die Königinmutter mit viel Anmut und Majestät.

Mit großer Promptheit erfand sie sehr persönliche Figuren.“ Auf ihre Veranlassung fanden auch ebenso politische, aber friedlichere Aufführungen statt.
Diese Ballette fanden sowohl im Freien als auch in Innenräumen statt. 1573 kamen die von den Erfolgen des Herzogs von Anjou geblendeten Polen nach Frankreich, um dem Sohn der Catharina die polnische Krone anzubieten. Das Ereignis wurde mit Pracht gefeiert.
Im Festsaal war ein riesiger silberner Felsen errichtet, in den sechzehn wolkenförmige Nischen gehöhlt waren. In jeder von ihnen befand sich eine Dame oder Demoiselle, die eine der sechzehn Provinzen Frankreichs darstellte. Nach einer Musik von Roland de Lassus traten sie hervor und stiegen dann alle zusammen hinab. Dreißig Geigen spielten eine schwungvolle Weise, und die sechzehn hübschen Personen führten im Takt und mit solcher Übereinstimmung *Tours mêlés, Contretours, Détours* und *Arrêts entrelacés* aus, daß die polnischen Gesandten höchst erstaunt waren.
Urheber dieses Balletts war der Italiener Baldassarino de Belgiojoso, jetzt Balthasar de Beaujoyeux, der 1567 von der Königinmutter zum Musikintendanten und ersten Kammerdiener ernannt worden war und den Karl IX. beauftragt hatte, die königlichen Feste zu organisieren.

BALTHASAR DE BEAUJOYEUX

Bereits Ludwig XII. hatte aus Italien Schauspieler und Musiker mitgebracht. Die Mode hatte sich durchgesetzt: Sie glich den Mangel an Vorstellungskraft der Höflinge aus. Um im 16. Jahrhundert am französischen Hofe Karriere zu machen, genügte es jedoch nicht, Italiener zu sein. Man mußte geistvoll reden, etwas von seinem italienischen Herkommen bewahren, sich aber den Verhältnissen anpassen, kurzum das tun, was dem herben Lully einige Jahre später so gut gelingen wird, denn wenn auch die in Italien geborene Königinmutter nie Florenz vergißt, so urteilt der Hof doch vom französischen Standpunkt aus.
Balthasar gelingt also, was so vielen seiner Landsleute mißlungen ist: Er wird Höfling und gleichzeitig Vertrauter der Königinmutter. Der französische Hof ist zu jener Zeit bereits sehr logisch. Die braven Italiener mit ihrer singenden Sprache bringen ihn zum Lachen, er ist jedoch für den visuellen Charm der Ballette empfänglich und verlangt, daß sie in die berühmten Intermezzi eingefügt werden. Er liebt auch den Prunk und das Raffinement der florentinischen

Pracelli, Kostümentwurf für ein Ballett

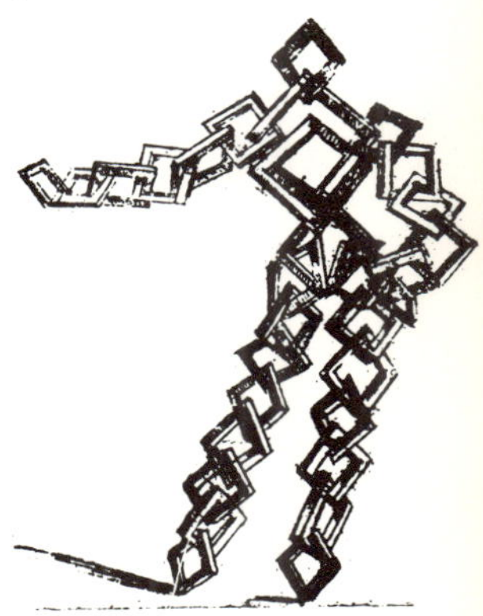

Ball am Hofe Heinrichs III.

Feste. Also importiert man weiterhin italienische Schauspiele, und Heinrich II. führt die komische Kompanie der Gelosi aus Italien heim. Bis zu dem Tage, als Balthasar wahrhaft ans Werk geht.

Catharina von Medici verlangte von Balthasar ein Ballett für die Hochzeit des Herzogs von Joyeuse, dem Bruder Heinrichs, mit Fräulein von Vaudemont, der Schwester der Königin. Ein „Ballett“ bedeutete zu jener Zeit alles, aber nichts Bestimmtes, denn jedes Divertissement hieß „Ballett“. Man entschloß sich für das Thema der Zauberin Circe, und Balthasar zieht sich aufs Land zurück und arbeitet.

Mit den Versen beauftragt er Chesnay; mit der Musik den Sire de Beaulieu; Jacques Patin, den königlichen Hofmaler, mit Bühnenbild und Kostümen.

Um das Thema Circe stellt er eine musikalische Komödie mit Tanz und Pantomime zusammen. Als erster versucht er die verschiedenen Elemente eines Schauspiels miteinander zu verbinden. In diesem Geiste waren bisher nur die berühmten „Cartels“, Theaterstücke in Versen, abgefaßt worden, die dazu dienten, das Schauspiel zu kommentieren und zu erklären. Ihre Autoren waren meist Höflinge, die nicht an der Vorstellung teilnahmen. Anstatt die verschiedenen Elemente einander gegenüberzustellen, geht Balthasar von der italienischen Art aus, die er aber französisch interpretiert. Auf Anordnung von Beaujoyeux werden die Tanzschritte zum erstenmal den Noten folgen und die Noten sich nach den Silben richten.

Am 15. Oktober 1581 wohnten die um Heinrich III. versammelten Fürsten und Höflinge, auf einer mit einem Baldachin bedeckten Estrade sitzend, in den Galerien des Saales vom Petit-Bourbon der Uraufführung des *Komischen Balletts der Königin* bei. Die Geschichte beginnt mit der Flucht eines Gefangenen der Circe, der den König in einer langen, mit politischen Anspielungen gespickten Rede um Beistand bittet. Die über den Verlust eines Edelmannes verärgerte Circe kehrt stolz in ihr Schloß zurück. Hier beginnt mit dem Auftritt von drei Sirenen und einem singenden Triton das erste Intermezzo. Etwa zwölf auf einem Karren einziehende Najaden wurden von der Königin und ihren Hofdamen, die alle maskiert waren, gefangengenommen. Peleas und Thetis singen nun ein Duett, auf das ihnen von der goldenen Wölbung ein unsichtbarer Chor antwortet. Der Zauberstab

Ballet comique de la Reine (Komisches Ballett der Königin) Einzug der Satyre

der Circe läßt alle Anwesenden erstarren. Da steigt Merkur von einer Wolke herab und befreit die Gefangenen.
Im zweiten Teil treten acht Flöte spielende Satyre auf und gehen auf die vier mit einem Bogen bewaffneten Najaden zu. Die Satyre stimmen ein Lied an. Dann singt eine Demoiselle zu Ehren des Königs. Nun gehen alle auf die Grotte des Pan zu, wo die Nymphe Opis die Götter bittet, den Zauber zu lösen. Auf diese Bitte erscheint sogleich Minerva auf einem Triumphwagen und trägt dem König eine von einem sechsstimmigen Chor begleitete Deklamation vor. Ein Donnerschlag ertönt, und jetzt erscheint Jupiter, mit goldener Tunika bekleidet, in einer Wolke. Pan führt sechs Satyre zum Angriff gegen Circes Garten vor. Nach einem Scheingefecht fällt Circe von Jupiters Blitz getroffen, und alle ziehen zusammen durch den Saal des Petit-Bourbon, um dem König zu huldigen. Das ist der schönste Augenblick des großen Balletts. Beaujoyeux hat es in einem Aufsatz wie folgt beschrieben:
„Nun spielten die Geigen eine andere Weise, um den Einzug des Großen Balletts zu begleiten, dessen fünfzehn Passagen so zusammengestellt waren, daß alle beim Ende jeder einzelnen das Gesicht zum König wandten. Nachdem sie vor seiner Majestät angelangt waren, führten die Tänzer des Großen Balletts vierzig Passagen oder geometrische Figuren aus: auf verschiedene Weise im Durchmesser, Viereck oder Kreis und dann gleich wieder im Dreieck, das von einigen anderen kleinen Vierecken und kleineren Figuren begleitet wurde . . . Die Abfolgen geometrischer Figuren bildeten bald ein Dreieck, dessen Spitze die Königin war; die Tänzer drehten sich im Kreise, verschlangen sich zu einer Kette und führten die verschiedenen Figuren mit solcher Übereinstimmung und solchem Sinn für Proportionen aus, daß die Zuschauer ganz begeistert waren.

Ballet comique de la Reine (Komisches Ballett der Königin) Einzug der Satyre

Die Soiree endete um halb vier Uhr morgens. Sie hatte insgesamt elfeinhalb Stunden gedauert, wenn man jedoch das Zeremoniell, die Erfrischungspausen, die Tanzpausen und die Darbietung primitiver „Maschinen“, die sich seit den Mysterienspielen kaum vervollkommnet hatten, abzog, so hatte das eigentliche Schauspiel kaum drei Stunden gedauert. Die Geometrie der Tanzschritte, die den Hof in so großes Erstaunen versetzte, hätte die Italiener kaum überrascht. In Florenz kündigte sich bereits die Oper an. In Italien:

Theater, ein Publikum, das die Kunst republikanisch auffaßt und die Schönheit in allen Handwerkerberufen findet. In Frankreich: *Das komische Ballett der Königin,* das erste „höfische Ballett“ in diesem Lande. Abgesehen von einem bezahlten Berufssänger war es von Fürsten veranstaltet, getanzt und gesungen worden. Ausschlaggebend war die ausgezeichnete Inszenierung des Schauspiels, dessen Thematik eher der komischen Oper nahestand. Der von seinem Werk befriedigte Beaujoyeux schrieb: „Ich kann mich rühmen, durch ein wohlproportioniertes Ballettkorps Auge, Ohr und Verstand befriedigt zu haben.“

Ballet comique de la Reine (Komisches Ballett der Königin) Einzug

Ballet du Noël des Fleurs (das Weihnachtsfest der Blumen)

IV Die Wandlungen des höfischen Balletts

Obgleich es noch keine Tageszeitungen gab, wurde der Erfolg von Beaujoyeux' Soiree in Italien bald bekannt. Doch sollte sich dieses Hofballett auf der Apenninhalbinsel nur vorübergehender Beliebtheit erfreuen. Diese Art von Schauspiel war in den Augen der Italiener etwas veraltet, denn die Theater waren dort nicht mehr das alleinige Privilegium der Höflinge, sondern standen dem Publikum schon seit langen Zeiten offen.

Mit den sieben Intermezzi von *La Pellegrina* kündigt sich bereits die Oper an. Diese musikalische Soiree wurde 1589 im Auftrage des Grafen Giovanni de Bardi für die Hochzeit von Ferdinand de Medici, Herzog von Toskana, mit Christine von Lothringen, Enkeltochter der Catharina de Medici, gegeben und erregte großes Aufsehen: Zum erstenmal wurde die Handlung der Komödie während der gesamten Aufführung durch Gesang und Tanz veranschaulicht.

Cavalieri, Malvezzi, Marenzio, Caccini und Prete schrieben die Musik, Rinuccini und Strozzi die Texte. Der Entwurf der Kostüme wurde Bronzino und Gian Bologna anvertraut.

Im ersten Intermezzo steigen die Sirenen aus den Wolken, um dem Prinzenpaar zu huldigen; im zweiten stimmen die Musen einen Gesang an, es folgt ein Hirtenlied. Im dritten Intermezzo wohnt man dann einem siegreichen Kampf Apollons mit der Pythonschlange bei; die Dämonen treten im vierten auf und die Nymphen im fünften. Das sechste zeigt Apollon, die Harmonie und den Rhythmus, die zur Erde gestiegen sind, um das Lob des jungen Paares zu singen: ein orientalischer Tanz zur Musik von Zithern und

Noces des dieux (Hochzeit der Götter). Ballett der Najaden und Tritonen

Ballettszenen aus: Les Dons du roi des Alpes à Madame Royale. (Die Gaben des Alpenkönigs an die Königin)

ANGELO RICCI

Ballettszene aus: Gridellino

Harfen. Ein großer „ballo" krönt endlich die Vorstellung. An diesem Tage wurde die Oper geboren, die durch diese prunkvolle Vorstellung ins rechte Licht gerückt wurde.

Das Textbuch der *Donne ingrate* (Die undankbaren Damen) wurde von Rinuccini verfaßt, und Monteverdi komponierte dazu die Musik: Beim Hochgehen des Vorhangs stiegen die undankbaren Damen aus dem klaffenden Höllenrachen je zu zweit auf die Bühne. Nachdem sie eine ausdrucksvolle Pantomime aufgeführt hatten, stiegen sie auf der Seite in den Zuschauerraum hinab, um dort nach einer Choreographie von Isacchino Ebreo zu tanzen. Diese Aufführung fand am 4. Juni 1608 im herzoglichen Palast von Mantua statt.

In Venedig wurden unzählige Theater eröffnet. In Florenz schuf der Ballettmeister Angelo Ricci, der siebenunddreißig Jahre im Dienst der Medici verblieb, 1608 die erste Choreographie der *Notte d'Amore* (Liebesnacht), auf die 1615 das *Ballo delle Zingare* (Zigeunerballett) folgte. Ein Priester, der Abt Coppola, verfaßte die Verse eines Melodramas *Les Nozze degli Dei* (Hochzeit der Götter), zu dem ein Hirtenballett in den Gärten der Venus, Tänze der Meergottheiten, ein von den Zeichen des Tierkreises umgebenes Sonnenballett und drei auf einer höhergelegenen Bühne aufgeführte Reiterballette gehörten.

Die Farnese besaßen in Parma ein herrliches Theater. Der Hof tanzte dort 1650 *La Gloria d'Amore* (Ruhm der Liebe). Die Handlung spielte in Kaledonien, das damals als Ende der Welt angesehen wurde.

In Turin lebte Graf Filippo San Martino d'Agliè, treuer Liebhaber der Marie-Christine von Frankreich, Herzogin von Savoyen. Abgesehen von einem Jahr, wo er auf Befehl Richelieus im Gefängnis von Vincennes saß, brachte d'Agliè sein ganzes Leben damit zu, die Königin zu verehren, im Notfall zu beschützen und Ballette zu schreiben. Er schuf über vierzig halb lyrische halb getanzte Ballette, darunter *La Forza di Amore* (Die Kraft der Liebe, 1626), *Circe* (1627), *Prometeo rapitore del fuoco celeste* (Prometheus raubt das himmlische Feuer, 1630), das *Balletto dei Montanari* (Ballett der Bergbewohner), das ein Jahr später am französischen Hofe aufgeführt wurde, *La virtu nemica delle apparence* (Die Tugend, Feindin der Äußerlichkeiten, 1634), ein *Balletto comico* (1640) und das berühmte *Gridellino*, das man, ehe es am französischen Hofe gezeigt wurde,

in Turin uraufführte. In Piemont konnte sich das Hofballett am längsten halten, denn dort lebten die alten französischen Traditionen weiter.
Nach Christines Tod zog sich d'Agliè in ein Kloster zurück, und niemand hat je wieder etwas von dem liebenden Choreographen gehört.

Pferdeballett am Hofe von Turin

Les Dons du roi des Alpes à Madame Royale (Die Gaben des Alpenkönigs an die Königin). Erstes Bild

Ballettszene aus dem Orient

Das Hofballett setzte sich durch: In Den Haag wurde 1668 das von dem Prinzen von Oranien veranstaltete Ballett *la Paix* (der Friede) aufgeführt, das die Unterzeichnung des Bündnisvertrages zwischen England und Holland feiern sollte. Zweiundzwanzig Akte berichten von den Streitigkeiten der beiden Länder, und auf die abschließende Versöhnung folgte als Finale ein Ballett.

Kann man sich vorstellen, daß der methodische Descartes ein Ballett erfand? Und doch ist es der Fall. Anläßlich des Friedens von Münster komponierte er 1646 auf Verlangen der Königin Christina von Schweden *La Naissance de la Paix* (Die Geburt des Friedens) und ließ das Ballett im königlichen Schloß von Stockholm tanzen. Allerdings bedang er sich aus, daß sein Name auf dem Libretto nicht erwähnt wurde. Brüssel: Italiener schaffen das Ballett *Monde* (Die Welt), in dem Völker aus allen Gegenden der Erde ihrer Freude über die Hochzeit Philipps IV. mit Maria von Österreich singend Ausdruck geben. Auch der Hof von Hannover blieb von dieser Ballettepidemie nicht verschont. 1681 zeigten die dreiundzwanzig Akte der *Jagd der Diana* auf der Bühne eine Jagd zu Pferde, sowie zahlreiche Waldnymphen und Satyre. Der gesamte Hof nahm daran teil. Die älteste Tochter des Herzogs von Hannover tanzte den *Zauber der Liebe*, und bei dieser Aufführung wurde eine Wolke mit Musikern von der Decke herabgelassen. Das in Stuttgart aufgeführte Ballett *Le Rendez-vous des plaisirs* wurde in französischer Sprache gesungen, Tänzer waren Courtelle und seine Frau. Die eigenartige Soiree *Les Entretiens de Diane et d'Apollon*, eine stumme Tanzvorführung, fand in Monaco statt. Handelt es sich um das erste Werk dieser Art? Das ist schwer festzustellen. Jedenfalls ging man diesen Weg nicht weiter. England, wo man die „mask" hatte, eine gesungene Vorführung mit dramatischen Episoden, ging zum komischen Ballett über, und auch hier wurde das Gleichgewicht der drei Elemente – Tanz, Gesang, Dichtung – zugunsten von Tanz und Dichtung geopfert.

COURTELLE

Es gibt ein Ballett, von dem niemand spricht und das doch die erstaunlichsten Geometrien ermöglichte: das im 16. und 17. Jahrhundert moderne Reiterballett. Im Mittelalter hatte man die – manchmal tödlichen – Turniere zu sehr geliebt, als daß man sich nicht etwas danach sehnte. Darum versuchten Reiter und Choreographen Ballette und Turniere

Ballettszene aus dem Orient

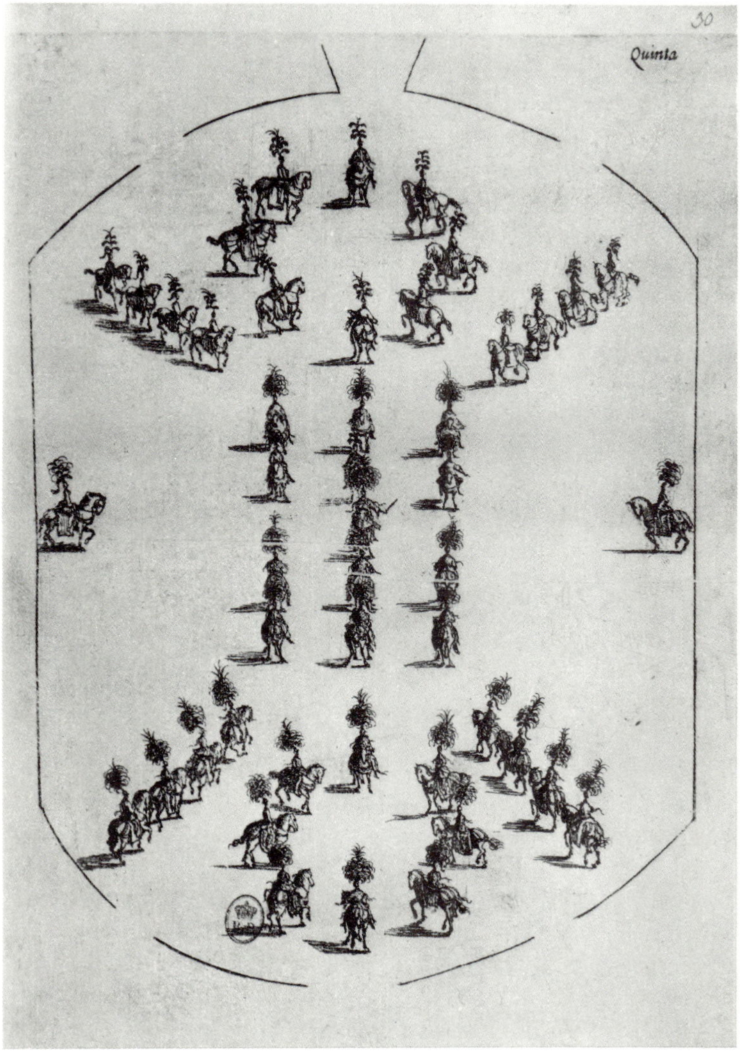

Choreographie eines Pferdeballetts

miteinander zu vereinen, und nun sah man die Pferde tanzen.
Die Einübung eines solchen Balletts dauerte drei Monate: Die Tiere lernten ihre Tanzschritte nach der Weise einer kleinen Geige auszuführen. Darum ist es nicht verwunderlich, daß der Tanzlehrer gleichzeitig Waffen-, Reit- und Fechtlehrer war. Pater Claude le Menestrier, Historiker der

Turniere und Ballette des 17. Jahrhunderts, beurteilt diese Reiterpas (Trott, Galopp, Verneigung, Kapriole, Sprung) „als reine Tanzfiguren, die mit Tönen und Weisen, welche die Pferde im Verlauf des Balletts leiten, in Harmonie stehen“. Roß und Reiter veranschaulichen eine dramatische Handlung im Stil des Tasso oder Ariost, deren Inhalt vor ihrem Auftritt mit lyrischer Begleitung und Dekoren vorgetragen wurde; selbstverständlich konnte man solche Vorstellungen nur auf großen Plätzen geben, die an die ehemaligen Turnierbahnen erinnerten.
1608 wurde am Hofe von Toskana *La Giostra di venti* (Das Lanzenstechen der Winde) aufgeführt, wo hundert als indische Nymphen verkleidete Reiter sich nach einer Musik von Jacopo Peri bewegten, während der Herzog Francesco di Medici die Winde als Äolus anführte. Für *La Guerra di belezza* (Der Krieg der Schönheit) hatte man aus Florenz die besten Künstler kommen lassen, die wunderbar dressierten Pferde stampften im Rhythmus der deklamierten Poesie, der Chöre und eines Orchesters. Monteverdi ließ die Reitpferde nach einer von ihm komponierten Musik tanzen, von der uns jedoch nur der Titel *Merkur und Mars* überkommen ist. Der gesamte Hof der Medici tanzte *Il Mondo festeggiante* (Die feiernde Welt).
Seit Heinrich II. wurden solche Divertissements auch in Frankreich nicht verachtet, aber an den deutschen Fürstenhöfen wurden die Reiterballette wie Militärrevuen inszeniert; leider kamen diese streng geregelten Phantasien mit der Eröffnung der Theater und der Mode der Oper außer Brauch. In Schönbrunn wurde der *Sieger der Zentauren* aufgeführt, in dem ein dreifaches Ballett von Nymphen, Zentauren und Satyren um ein auf der Bühne befindliches Wasserbassin tanzte. Dann verschwand das Reiterballett von den europäischen Höfen.

Choreographie eines Pferdeballetts

Das Huhn-im-Topf oder das Hofballett? Der sparsame Heinrich IV. (Sully überwachte scharf die Finanzen) wählte das Huhn-im-Topf, und das bedeutete das Ende der kostspieligen Aufführungen. Man kehrte zu den italienischen Maskeraden und mittelalterlichen Possenstücken zurück, die dem leichten Sinn des „Vert Galant“ und seiner Vorliebe für derbe Späße besser entsprachen. Die damaligen Tänze, von denen uns nichts überliefert ist, standen eher den Mummereien der „Ardents“ (1398), einer tragischen Moriska, bei der verschiedene Edelleute lebendig verbrannt wurden, als dem komischen Ballett nahe.

Erstaunlicherweise hatte das *Ballet comique de la reine* in Frankreich keine Nachfolge. Nach und nach wurde es zu einer trockenen Aufführung, bei der hauptsächlich deklamiert wurde. Wieder einmal wurde das französische Temperament von seiner Neigung zur Logik beeinflußt. Aber eine neue Mode sollte alles in Frage stellen.

Plötzlich wurde das Ballett, das gleich nach der Soiree des *Ballet comique de la reine* zu einer langen literarischen Deklamation geworden war, mit Gesang aufgeführt. Diese plötzliche Neuerung verdankt man zwei Männern – beides Italiener –, Caccini und Rinuccini.

OTTAVIO RINUCCINI

Der Florentiner Ottavio Rinuccini war Dichter. In den ersten Regierungsjahren Heinrichs III. war er oft bei dem Grafen Bardi in Florenz zu finden, wo ein der „Plejade" verwandter Kreis von Musikern und Dichtern zusammenkam. Diese Herren waren bestrebt, den erzählenden Gesang der Griechen – das Rezitativ – wieder aufleben zu lassen. Giulio Caccini, ein römischer Sänger und Komponist, wird als einer der Begründer des musikalischen Stiles unserer Zeit angesehen. Aus der Zusammenarbeit dieser beiden Männer entstand 1594 *Daphne,* 1597 *Le Cefalo* und drei Jahre später *Eurydice,* der Versuch einer vollständig gesungenen Oper, wo jeder Akt durch ein Ballett abgeschlossen wurde.

GIULIO CACCINI

Als Maria di Medici Heinrich IV. durch Prokuration heiratete, schrieb Caccini für sie eine sehr erfolgreiche *Tragedia per musica,* und da die Königin für den Autor zärtliche Gefühle hegte, ließ sie ihn bald mit seinem Kollegen Rinuccini an den französischen Hof kommen. Durch diese beiden Italiener wird das Ballett in Frankreich vollkommen umgestaltet werden. Das Rezitativ, das von den Franzosen stets abgelehnt worden war, wurde zuerst von der Königin geradezu erzwungen, dann aber akzeptiert, weil der Tanz dabei die bedeutendste Rolle spielte. Als Maria di Medici Regentin wurde – Ludwig XIII. war erst dreizehn Jahre alt –, brauchte man bei den Schauspielen nicht mehr zu sparen. Schon im Jahre vor der Ermordung Heinrichs IV. hatte man das *Ballet de la reine représentant la beauté* (Ballett der Königin, welche die Schönheit verkörpert) inszeniert, an dessen Ende die Fama auftrat und Verse

Choreographie eines Pferdeballetts

Hercule à Thèbes
(Herkules in Theben)
Finale

La Délivrance de Renaud (Die Erlösung des Renaud). Der Herzog von Luynes in der Rolle des Renaud

La Délivrance de Renaud (Die Erlösung des Renaud). Der König in der Rolle des Feuerdämons

von Malherbe aufsagte. Damit wurde das immer noch prachtvolle und manchmal ungeordnete Hofballett, das in Wirklichkeit mehr einer musikalischen Komödie als einem Ballett im eigentlichen Sinne des Wortes glich, von neuem Mode. Dieses bevorzugte Divertissement vereinigte die stark von Italien beeinflußten Kunstformen jener Zeit.

Die auf die Erfolge der Autoren neidischen Hofleute – denn wir befinden uns auf halbem Wege zwischen dem höfischen Autor und dem nichtadligen Berufsdichter – haben nun eine Gelegenheit, hervorzutreten. Von den „cartels" ausgehend, trägt man den Zuschauern die Verse der Ballette vor oder fügt sie den „Erzählungen" an. Diese dem Schauspiel fremden Texte verkündeten das Lob ihrer Autoren, die sich oft die Dienste eines weniger hochstehenden aber begabteren Dichters erkauften.

Nachdem das Ballett nun auf den Hof beschränkt ist, wird es sich nach dem Vorbild des Höflings formen: Raffinement, Reichtum, verfrühter Manierismus und Träume, in denen die alte ritterliche Liebe in Gestalt von Nymphen und Heroen auftritt.

Somit begann die „melodramatische" Periode der Ballette Ludwigs XIII., die unmittelbar unter italienischem Einfluß standen und deren Tiraden meist durch den „ausdrucksvollen Gesang" ersetzt wurden.

1610 gab man *Alcine,* ein melodramatisches Ballett, das gewisse Analogien mit der Oper aufweist und wo schöne Bewegungen vor einem Hintergrund von Grotten und Fontänen ausgeführt werden. Im *Triomphe de Minerve* (Triumph der Minerva, 1615) wurde die Handlung durch Dialoge, Verse, Chöre und Pantomimen mit wechselndem Bühnenbild dargestellt. Hierzu ist zu bemerken, daß die Tänzer aus zwei Gründen eine Maske aus Holz oder Leder trugen: Einerseits handelte es sich um einen Brauch der vergangenen Jahrhunderte, anderseits bedeutete es eine Erleichterung für Höflinge, die nur geringe schauspielerische Gaben hatten. Somit mußten Masken, Kostüme und Erzählungen das erklären, was das Gesicht nicht ausdrücken konnte. Die Aufführung schloß stets mit dem Großen Ballett, einer Apotheose der Aristokratie, ab, die damit die Soiree beherrschte und Frauen und Nichtadlige ausschloß.

1617 wird *La Délivrance de Renaud* (Die Erlösung des Renaud) aufgeführt.

„Mask“ aus dem 16. Jahrhundert

„Renaud lag über einer Grotte inmitten dieser Berge auf einer blumigen Wiese ...“

Armide hat die Dämonen zur Wache bei ihrem Geliebten zurückgelassen, und die Dämonen tanzen mit Renaud, aber plötzlich treten zwei Ritter auf, die ihn holen wollen. Armide verzaubert das Bühnenbild, und es erscheinen Gärten und Brunnen. Der allmächtige Zauberstab der Ritter läßt das Wasser der Brunnen vertrocknen, und „die zerzauste und vollkommen nackte Nymphe“, die aus ihrem Becken hervorkam, wird gezwungen, wieder unterzutauchen. Nach dem Kommen und Gehen der Monstren und Ritter wird Renaud von dem kristallenen Taler verzaubert und flieht aus dem Paradies der Gärten und Grotten. Inzwischen haben diese durch Zaubereien geleiteten Kämpfe Anlaß zu sehr schönen getanzten Metamorphosen, zu einem unvergeßlichen Wechsel des Bühnenbildes und unerwarteten Kostümierungen gegeben.

La Délivrance de Renaud (Die Erlösung des Renaud). Monsieur de Monpoullan in der Rolle des Luftgeistes

La Délivrance de Renaud hatte den Vorteil, daß alles zur Handlung beitrug und das Außergewöhnliche organisiert war.

1619: *L'Aventure de Tancrède dans la forêt enchantée* (Tankreds Abenteuer im Zauberwald) war ein Meisterwerk, dessen Bühneneffekte vielleicht sogar noch die von *Renaud* übertrafen. Auch hier handelt es sich um einen Dämonenkampf, denn zu jener Zeit wurde die dramatische Handlung durch Turniere und Metamorphosen unterhalten. Also gibt es wieder einen Wald, einen Zauberer, Gottheiten, Ungeheuer, Kämpfe zwischen Rittern und Dämonen, das von den Italienern übernommene Spiel von Licht und Schatten und eine bemerkenswerte Inszenierung, die hätte Schule machen sollen. Aber weder *Renaud* noch *Tancrède* hatten eine Fortsetzung. Zwar führte man nach diesen Schauspielen *Le Grand Ballet de la reine* in märchenhaften Bühnenbildern auf, wo ein Ballett von Hyperboreern und Psychen nach den Weisen eines unsichtbaren Orchesters tanzt. Aber wie bereits gesagt, folgte auf diese beiden Meisterwerke nichts besonderes, außer vielleicht *Apollon.* Eigentlich wollte man im Verlauf dieses Balletts zeigen, wie Apollon (der Herzog von Luynes) die Pythonschlange (den Abenteurer, d. h. den Marschall d'Ancre) tötete. Ludwig XIII. war jedoch melancholischer Stimmung, und der Herzog von Nemours, „Intendant des Plaisirs“, mußte die Handlung des Balletts abändern.

Letzterer machte sich die Sache leicht. Nachdem das melo-

La Délivrance de Renaud (Die Erlösung des Renaud): Finale

dramatische Ballett das komische Ballett entthront hatte, wurde es seinerseits durch ein einfaches Ballett „mit Aufzügen“ ersetzt. Das Wort „einfach“ bezieht sich hier auf Handlung und Inszenierung, denn Kostüme und Maschinen waren sehr kompliziert und sehr kostspielig. Eine Reihe von Bildern wurde durch einen äußerlichen Vorwand miteinander verbunden. Die Berichte, die in den melodramatischen Balletten ihren von der Handlung bedingten Platz hatten, wurden jetzt an einer vorbestimmten Stelle aufgesagt.

Immerhin erhielten die Tänzer Marais und Morel dadurch Gelegenheit, ihr großes Talent zu zeigen. In Büchern über das Ballett findet man die Namen: La Barre, Picot, Delphin, Veyré, Saintot, Le Camus, Paysanne, Prévost. Nach und nach drangen Berufstänzer in das Ballett ein, und ihre strenge italienische Schulung ermöglichte ihnen Vorführungen, zu denen die Höflinge vollkommen unfähig waren.

MARAIS

Marais war zuerst 1615 im Ballett *Madame* aufgetreten, wo er viel Erfolg hatte, dann tanzte er *Armide* und anschließend Bacchus in den *Bacchanales* (Bacchanalien). Dieser Tänzer war sowohl ein großer Mime wie auch ein bemerkenswerter Musiker. Anschließend schuf man das Ballett der *Voleurs* (der Diebe) mit einem Auftritt der Korsaren und das *Ballet des Fées de la forêt de Saint-Germain* (das Ballett der Feen des Waldes von Saint-Germain), dessen Idee vom Herzog von Nemours stammte und wo Marais die Rolle von Guillemine dem Rappelkopf in genialer Weise verkörperte. In *La Douairière de Billebahaut* (Die Witwe von Billebahaut) tanzte der König 1626 an der Seite von Marais, der den Großtürken darstellte.

1632 wurde im ersten öffentlichen Theater vor einem zahlenden Publikum das Ballett der *Effets de la nature* (Wirkungen der Natur) aufgeführt. Diese außergewöhnliche Initiative

MOREL

verdankt man dem Tänzer Horace Morel, der von der Geschichtsschreibung etwas vernachlässigt wurde. Er war nicht nur Tänzer, sondern auch Feuerwerker und Veranstalter von Schauspielen. Das von ihm selbst im „Salle des Jeu de Paume“ des kleinen Louvre vorgeführte Ballett *Effets de la nature* ließ beim Wechsel der Bühnenbilder eine Wüste und einen feuerspeienden Vulkan erscheinen. Im nächsten Jahr ließ Morel das Ballet der *Cinq Sens de la nature* (Die fünf Sinne der Natur) und *La Puissance de l'amour* (Die Macht der Liebe) aufführen, aber seine Idee eines öffentlichen Theaters wurde nicht weitergeführt. Das Hofballett wollte entschieden ein Ballett der Höflinge bleiben.

CORNEILLE

1632 schrieb Corneille das Libretto für das Ballett *Château de Bicêtre* (Schloß von Bicêtre). Dieses verfallene Schloß hatte seltsame und gemischte Bewohner, was im Ballett Anlaß zu Auftritten von Falschmünzern und Vertretern anderer wenig geschätzter aber pittoresker Berufe gab. Besondere Beachtung errang Marais als Zauberer, und das Ballett wurde am selben Abend im Louvre, im Arsenal und im Rathaus aufgeführt. Nach Corneille machte sich auch Ludwig XIII. an die Arbeit: er schuf das Ballett *La Merlaison* einschließlich der Choreographie und aller Kostüme. Er selbst spielte die Rolle einer Frau, während Marais als Vogel kostümiert

Hercule à Thèbes (Herkules in Theben), eine Ballettszene

unter den Pikören schwebte. Der seit 1624 allmächtige Richelieu bediente sich des Balletts, um widerspenstige Naturen, die ihm nicht folgen wollten, zu beeindrucken. Unter diesen Balletten politischen Charakters, welche Vermögen kosteten, wollen wir vor allem auf die *Triomphes* hinweisen, die von Versen Ronsards, einem eifrigen Hofmann, eingeleitet wurden und wo Ludwig XIII. als Frau auftrat.

Inzwischen hatte die Königin einen Sohn, den künftigen Ludwig XIV. geboren. 1642 folgt Mazarin Richelieu nach; 1643 stirbt der König, aber diese Ereignisse verblassen vor

Ballett der Jugend

einem sehr viel wichtigeren Datum: 1644 kommt Jean-Baptiste Lully nach Paris.

V Ludwig XIV., der Tänzer-König

Neben seiner politischen Tätigkeit tat der aus der Provinz Aquila gebürtige Mazarin alles, was er konnte, um am Hofe Ludwigs XIV. die italienische Oper einzuführen.

Am 14. Dezember 1645 trug *La Finta Pazza* (Die angebliche Närrin), eine Oper mit Musik von Sacrati, die von Torelli, dem ersten Maschinenmeister Europas, inszeniert worden war, im Palais Cardinal einen Erfolg davon. Die Medici hatten Anna von Österreich ihren Choreographen Balbi „geliehen", es kam jedoch zu zahlreichen Zwischenfällen, denn wenn Balbi auch einen klassischen Stil vertrat, so kamen die Tänzer von der Commedia dell'Arte. Affen, Bären und Indianer erfreuten jedoch den kleinen Ludwig „Dieudonné", den künftigen Ludwig XIV. *La Nuova e Curiosa Scuola di ballo* von Gregorio Lambranzi, die 1716 in Deutschland erschien, gibt uns vom Stil jener Tänzer ein genaues Bild. Ihre verzerrten, übertriebenen und burlesken Gesten standen vor allem im Gegensatz zum klassischen Tanz. Im Ballettkorps der Scala befanden sich sogar „Groteskentänzer", denen die Rollen von Satyren und Narren vorbehalten waren.

BALBI

Das Publikum blieb kühl bei *Xerxes*, *Ercole amante* von Cavalli, *Il Pomo d' oro* (Der goldene Apfel) von Cesti, es konnte sich nicht für ein Rezitativ begeistern, das es zwar zum Lachen brachte, aber gleichzeitig auch langweilte. Obwohl man die Libretti übersetzte und die Handlung erklärte, hatten diese manchmal neunstündigen Schauspiele keine anderen Parteigänger als Anna von Österreich, Mazarin und die am Hofe befindlichen Italiener.

Nur die Ballette waren bei allen beliebt. Statt durch dramatische Handlung wirkten sie durch reizvolle Kostüme und

Charles-Louis Beauchamp

die erfinderischen Maschinen Torellis. Darum legte man auch in alle möglichen Divertissements Ballettszenen ein.
Von der französischen Oper war noch keine Rede bis zu dem Tage, als Jean-Baptiste Lully, Musiker, Tänzer und Regisseur, vom König bemerkt wurde. Was tut eigentlich dieser Trinker und Wüstling, dieser ungehobelte Kerl, der jedoch scharfsinnig und perfide sein kann, am Hofe des Sonnenkönigs? Er organisiert die Vergnügen Ludwigs XIV. Damit wurde die französische Oper geboren, in der das Ballett seine ehemalige Strenge wiederfand und sich organisch mit dem Gesang verband. Das Opernballett gefiel sofort allen.
Wenn Lully auch selbst die possenhaften Auftritte einstudierte und, sobald es ihm möglich war, das klassische Ballett mit Stücken aus der Commedia dell'Arte durchsetzte, die ihn gebildet hatte, so war er doch nicht der einzige. Neben ihm standen Benserade, Dichter und treuer Diener des Königs, und Beauchamp, der zwanzig Jahre lang bei Ludwig XIV. Tanzmeister war.

BEAUCHAMP

Wie der aus Italien gekommene Lully setzte sich Beauchamp, der 1636 in Versailles geboren worden war und aus einer Architektenfamilie stammte, schon in jungen Jahren am Hofe als Musiker und Tänzer durch.

Nachdem er 1671 zum Oberintendanten der königlichen Ballette ernannt worden war, schuf er künftig alle Choreographien, zu denen Lully die Musik schrieb; als er sich 1687 endgültig zurückzog, hatte er bereits die Grundlagen der „danse noble“ geschaffen. Von seinen Choreographien kann man sagen, daß sie dem Stil und der Atmosphäre von Versailles angepaßt wurden; in seinen Zwischentänzen, Gavotten und Menuetten findet man die majestätischen Linien des Schlosses. Da er die Ausführung höher einschätzte als die Figuren, wurde die französische Schule nun zur ersten Europas. Die choreographische Fachsprache sollte sich nicht mehr ändern. Ob Moskau, New York oder London, überall wird im Ballett französisch gesprochen.
Beauchamp war in Wirklichkeit nicht der erste Choreograph und Begründer der französischen Tradition. Dieses Verdienst muß man Michel Lecomte zuschreiben. Er war ein Schüler und Kollege des italienischen Meisters Francesco Giera, der am Hofe Heinrichs III. sein Vorgänger gewesen war, und wurde unter Heinrich IV. und Ludwig XIII. königlicher Tanzmeister. Mittels seiner Person verband sich die nach

Jean-Baptiste Lully

Frankreich übertragene italienische Schule mit der französischen Schule, die ihre Nachfolge antreten sollte.
Im Jahrhundert Ludwigs XIV. blieb der Tanz Berufstänzern vorbehalten. Zwar figurieren noch einige schnellfüßige Höflinge zusammen mit dem König in den Balletten von Beauchamp, der König gründet jedoch bereits 1661 zu Beginn seiner Regierungszeit die *Académie royale de danse*, deren Ziel es ist, „den Tanz wieder zu seiner Vollendung zu führen“. Den Tanz zu seiner Vollendung zu führen, das hieß in anderen Worten, ihn beruflichen Tänzern anzuvertrauen. Die dreizehn Mitglieder wurden unter den berühmtesten Tanzmeistern ausgewählt, aber die zu exklusive Gesellschaft wurde 1780 aufgelöst, ohne je eine beachtenswerte Rolle gespielt zu haben. Inzwischen hatte der König die *Académie royale de musique* geschaffen, und 1713 entschloß sich die *Ecole de danse de l'Opéra*, „die besten Begabungen auszuwählen und sie den Beruf kostenlos zu lehren“. Die beiden Direktoren Fraincine und Dumont wählten aus den armen Familien Jungen und Mädchen im Alter von neun bis dreizehn Jahren. Diese Schule, aus der die heutige *Ecole de l'Opéra* entstand, wurde nie geschlossen. Sie ist die älteste aller Tanzschulen.

Louis Pécourt

Jean Balon

Marie-Thérèse de Subligny

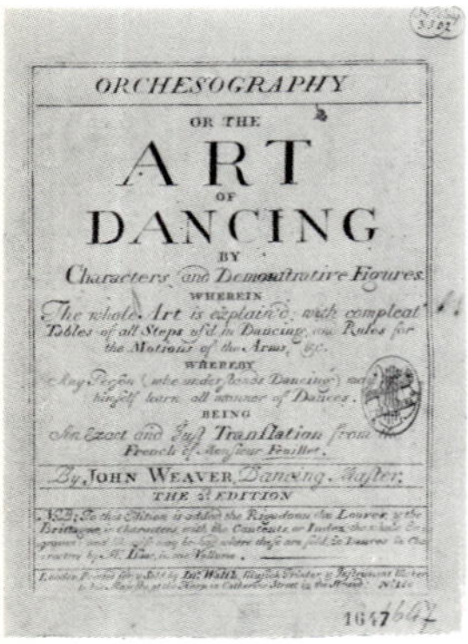
ORCHESOGRAPHY
OR THE
ART
OF
DANCING
BY
Characters and Demonstrative Figures.
WHEREIN
The whole Art is explain'd; with compleat Tables of all Steps us'd in Dancing, and Rules for the Motions of the Arms, &c.
WHEREBY
Any Person (who understands Dancing) may himself learn all manner of Dances.
BEING
An Exact and Just Translation from the French of Monsieur Feuillet.
By JOHN WEAVER, Dancing-Master.
THE 2d EDITION

Übersetzung des Traktates von Feuillet durch Wraver

Schule des Tanzes aus dem Traktat v. Feuillet

Die drei Künste des Edelmannes: Fechten, Tanzen, Reiten

Neben dem Meister Beauchamp machten sich auch andere Berufstänzer einen Namen: Louis-Guillaume Pécourt (1653–1729), der Beauchamp an der Oper nachfolgte, tanzte korrekt und mit Leichtigkeit... Jean Ballon, oder Balon (1676–1739), ein Zeitgenosse von Pécourt, gehörte zur Kategorie der „danseurs nobles" und war außerdem ein hochbegabter Mime. Auf Pécourt folgte Blondi (1675–1739), der die Sallé und die Mariette, Tänzerinnen zur Zeit Ludwigs XIV., ausbildete. Erwähnen wir noch den 1739 verstorbenen Lestang, der bis 1702 als „danseur noble" wirkte und dann eine Schule eröffnete, aus der ausgezeichnete Schüler hervorgingen. Louis Lasserre, Tänzer Ludwigs XIV., wurde von der Königinmutter zum Veranstalter der Hoffeste und Ballette ernannt; Deschars trat in komischen Rollen hervor. Im *Grand Siècle* errang Mademoiselle La Fontaine (1665–1738) einen großen Erfolg in *Triomph de l'amour.* Hier tanzte eine Frau zum erstenmal auf der Bühne der Musikakademie, und als die öffentlichen Theater aufkamen, traten die adligen Damen hinter Berufstänzerinnen zurück. Nach einer glänzenden Karriere verbrachte Mademoiselle La Fontaine ihre letzten Tage im Kloster. Nach ihr folgten Marie-Therese de Subligny (1666–1736), welche die Gigue in Frankreich einführte, Desmartins, die mit zwölf Jahren debütierte, und Mademoiselle Prévost. Diese wohlproportionierte Schönheit war im Alter von zwölf Jahren zum erstenmal in der *Hesione* von Lully aufgetreten; als erster Star der *Académie royale de musique* übernahm sie 1706 die Nachfolge von Mademoiselle de Subligny und hatte die Rolle der liebenden Gondoliera in den *Fêtes vénitiennes* von Campra inne.

Im 18. Jahrhundert sollte die Tradition der skandalösen Ballerinen aufkommen, das Jahrhundert Ludwigs XIV. behielt jedoch, wenigstens dem Anschein nach, einen Sinn für Ordnung und Anstand, der Tänzer, Choreographen und Musiker beeinflußte. Der bald zum Frömmler gewordene König sah die Privatfreundschaften seines Favoriten Lully sehr ungern. Man sündigte also im Geheimen. Raoul Feuillet führt die Versuche Beauchamps weiter und veröffentlicht 1701 eine *Choregraphie de l'art de décrire la danse par caractères, figures et signes démonstratifs* (Choreographie der Kunst, den Tanz durch demonstrative Zeichen, Figuren und Buchstaben aufzuzeichnen), die sogleich in Deutsch und Englisch übersetzt wurde und noch heute als eines der wichtigsten Werke über die Tanztechnik des 18. Jahrhunderts angesehen wird. Zum ersten Male war ein Mann auf den Gedanken gekommen, den französischen Wortschatz über den Tanz zu fixieren, die fünf klassischen Positionen zu definieren und die Tanzschritte zu regeln. Feuillet, der das Aufzeichnungssystem für den Tanz erfand, gehörte jedoch nie der Oper an.

Molière

Der Sonnenkönig war auch der Tanzkönig. Noch 1685 figurierte er im Alter von siebenundvierzig Jahren als Nymphe im *Eglogue de Versailles* (Hirtengedicht von Versailles). Man weiß nicht, ob er ein guter Tänzer war, fest steht jedoch, daß er oft tanzte und sich seit seiner Jugend häufig als Frau verkleidete. Später trat Lully an seiner Seite in den von ihm geschaffenen Balletten auf, und angeblich soll er oft die Ungeschicklichkeiten seines Königs wiedergutgemacht oder ihm einen vergessenen Tanzschritt heimlich souffliert haben. Auch Molière ist als Tänzer in die Geschichte eingegangen. Er war durchaus kein „danseur noble" und noch nicht einmal ein ausgebildeter Tänzer, hatte jedoch etwas Talent und machte noch von der Akrobatik der Commedia dell'Arte Gebrauch. Zu seinen eilig geschriebenen Ballettkomödien, dem Ursprung seiner Lustspiele, gehörten Erfolge wie die *Fâcheux,* in denen die Kunst der Schauspieler und Tänzer vereint wird. Im Ballett *Roi des fêtes de Bacchus* (1651, König der Feste des Bacchus), dessen Idee man Molière zuschreibt, tanzte dieser mit dem Berufstänzer Robichon und dem Grafen von Saint-Aignan.

Ballet de la Nuit (Ballett der Nacht). Ludwig XIV. in der Rolle der Sonne

1653 schuf Benserade das Libretto des Balletts *La Nuit* (Die Nacht), in dem der König die Rolle einer Stunde, eines Neugierigen, eines mit roten Flammen bekleideten Irrlichtes, des Morgensternes innehatte und endlich in der Rolle der Sonne triumphierte. Nach dieser Vorstellung wurde Lully beauftragt, die Partituren der Ballette zu komponieren. Beauchamp errang seinerseits mit der Erstaufführung des Ballettes *Alcidiane* (1658) einen großen Erfolg. Die Ballettkomödie wurde 1670 mit *Le Bourgeois gentilhomme* (Der Bürger als Edelmann) erschaffen.

Niemand machte dem französischen Ballett mehr den ersten Platz streitig, der ihm von Rechts wegen zukam. In ganz Europa stritt man sich um die französischen Tanzmeister. Überall traten französische Tänzer auf und schufen somit die Grundlagen des internationalen klassischen Tanzes.

Jean-Georges Noverre

VI Noverre, Revolutionär des Balletts

„Endlich haben wir Beine und eine Ausführung, die unsere Vorgänger nicht besaßen", erklärt befriedigt J. G. Noverre in seinen *Briefen über den Tanz.* NOVERRE

Sicher ist, daß Tänzer und Tänzerinnen im 18. Jahrhundert eine Technik erreicht hatten, die zwar nicht vollkommen war, ihnen jedoch erlaubte, „Stars" mit vielen Launen und sehr hohen Gagen zu werden.

Den Männern wird der Titel „Gott des Tanzes" zuerkannt. Die Frauen fahren in Karossen, Geschenken von Fürsten, spazieren und leben von reichen Pensionen, die ihnen hochstehende Exliebhaber gewähren. Die skandalöse Ballerina, die in einem schmutzigen Kramladen geboren und mit sechzehn Jahren Königin von Paris wird, erregt den Neid der adligen Damen und lädt alle Großen der Salons in die vergitterten Logen ihres erotischen Theaters. Angesichts dieser Göttinnen des Tanzes müssen sich die Anfängerinnen mit Geduld wappnen und nach mächtiger Unterstützung suchen, denn sie müssen in der allerletzten Reihe tanzen, und da die Bühnenbilder meist Felsen und Meere darstellen, nennt man sie ironisch die „Küstenwacht".

Bisher war viel von den Tänzern die Rede, was ist jedoch aus dem Ballett Ludwigs XV., den Choreographen und der Oper geworden?

Dieses Urteil fällte der boshafte Noverre im Jahre 1760:
„Tanz und Ballett sind heute, Monsieur, die Modenarrheit; die allerkleinste Provinztruppe zieht mit einem Schwarm von Tänzern und Tänzerinnen umher; was sage ich? Die Spaßmacher und Quacksalber rechnen mehr auf die Wirkung der Ballette als auf die ihrer Balsame."

Was das Kostüm betrifft, „so glänzt überall Flitterwerk", ob es sich nun um die der Bettler oder der Könige handelt. Die Kuratier sind mit Gold bekleidet, die Horatier mit Silber, und damit ist das Publikum zufrieden. Noverre, der Reformator, ist es weniger:
„Ich will diese steifen Tönnchen nicht mehr sehen ... ich werde die lächerlichen Reifröcke unserer Tänzerinnen um dreiviertel kürzen."
Der Reifrock bietet übrigens den Vorteil, daß er den graziösen Ballerinen erlaubt, mehr mit dem Knöchel als mit dem Schenkel zu arbeiten, ohne daß dieses Hilfsmittel zu sehen ist. Die Männer müssen sich hingegen wirklich anstrengen, um die Modeakrobatik auszuführen.
Die Musik steht zu dieser neuerfundenen Akrobatik in eigenartigem Gegensatz, denn sie stammt noch aus dem Jahrhundert Ludwigs XIV. und ist förmlich und langsam, „kaum wird es einem Ballettmeister gestattet, den Rhythmus einer alten Weise zu ändern".
Wie man sieht, herrscht zwischen den verschiedenen Elementen des Balletts keine Übereinstimmung. Nach Noverre „bildet sich der Dichter ein, daß seine Kunst höher als die des Musikers steht; letzterer glaubt sich herabzulassen, wenn er den Ballettmeister befragt; dieser wiederum will nichts mit dem Kostümzeichner gemein haben; der Bühnenbildner spricht nur mit den Malern, die unter ihm stehen, und der oft vom Maler verachtete Maschinist kommandiert wie ein Herrscher die Handhabungen des Theaters."
Kostümbildner, Komponisten und Choreographen sind alle den „Stars" unterstellt:
„Der Kostümbildner paßt oft die Kleidung eines antiken Volkes der Tagesmode oder der Laune einer Tänzerin oder bekannten Sängerin an. Die meisten Komponisten passen sich, wie bereits gesagt, den alten Rubriken der Oper an; sie schreiben einen *passe-pied* vor, weil ihn Fräulein Prévost so elegant ausführte, *Musettes*, weil Fräulein Sallé oder Herr Dumoulin sie mit soviel Grazie und Lust tanzten. Die Oper ist endlich, Monsieur, wenn mir erlaubt ist, mich so auszudrücken, ein Schauspiel von Affen", schließt Noverre.
Noverre – wer ist dieser Mann, den sein Jahrhundert in so schlechte Laune versetzte und der sich nicht scheut einzugestehen: „Die *passe-pied* und Menuette bringen mich um!"

Jean-Georges Noverre, schweizerischer Abstammung, wurde 1727 geboren und schon in jungen Jahren von seinem Vater, einem ehemaligen Adjudanten Karls XII., dem Meister Dupré, einem „danseur noble" des 18. Jahrhunderts, anvertraut. Das erste Auftreten des jungen Tänzers am Hofe von Fontainebleau wurde kaum bemerkt und war etwas enttäuschend, aber glücklicherweise hatte Noverre nicht nur flinke Beine, sondern auch einen Kopf voller Ideen. Diese Ideen entsprachen denen der Enzyklopädisten, das bedeutet: Synthese der Geisteswissenschaften und innere Logik jeder Kunst. Das Ballett mußte von einem geschwätzigen und verworrenen Divertissement zu einer organisierten Kunst werden.

1678 hatte der Philologe van Meursius in Lyon einen Katalog antiker Tänze veröffentlicht. Man stand kurz vor der Erfindung der Pantomime. Diderot und d'Alembert sprachen bereits davon. Für die Enzyklopädisten war die Pantomime das interessante Element; für Noverre wurde sie zu einem fixen Gedanken. Er will eine Reform des Balletts herbeiführen, weil es zu oberflächlich geworden ist, und verlangt, daß der „mechanische oder ausführende" Tanz durch den „pantomimischen oder aktiven" Tanz ersetzt wird.

Zu Beginn muß auf die Masken verzichtet werden, „diese schrecklichen Gesichter, welche die Natur verstecken und uns nur eine unförmige und fratzenhafte Kopie zeigen".

Marie-Madeleine Guimard

Noverre stößt sofort auf den Widerstand von Tänzern und Publikum, das nicht in seinem Vergnügen gestört werden möchte. Im Ausland hingegen wird der Gedanke günstig aufgenommen: in Berlin setzt er sich durch.

Durch seinen Erfolg gestärkt, kehrt er über Straßburg, Lyon und Marseille nach Paris zurück. Dort führt er seine ersten Ballette mit „aktivem Tanz" auf, in denen die Pantomime der Handlung endlich einen Sinn gibt, das Auge sich an Bühnenbild und „Kostüm" erfreut.

Les Fêtes chinoises (1749, Die chinesischen Feste), 1754 *La Fontaine de jouvence* (Der Jungbrunnen), 1755 *Les Réjouissances flamandes* (Flämische Festlichkeiten) bringen ihm die Stelle eines Ballettmeisters der Pariser Komischen Oper ein, die im ständigen Wettstreit mit dem Ballettkorps der *Comédie-Française* steht. Man führt die alten Ballette von Noverre auf, und dieser inszeniert neue Schöpfungen.

Der Schauspieler David Garrick bietet ihm jedoch einen Vertrag mit dem Londoner Drury-Lane-Theater an. Noverre beschließt, dort die *Fêtes chinoises* und *La Fontaine de jouvence* aufzuführen. Der Zeitpunkt war jedoch schlecht gewählt, denn bald soll zwischen England und Frankreich der Krieg ausbrechen. Obwohl der alte König Georg II. am 8. November 1755 der Premiere beiwohnt, kommt es an diesem Abend beinahe zum Aufstand. Einige Tage später bricht er wirklich aus, ein Mann verliert das Leben, und das Schauspiel wird vom Spielplan abgesetzt.

Diese kurze Bekanntschaft mit dem englischen Theaterleben wird Noverres Vorliebe für die Pantomime, worin der englische Schauspieler Garrick ein Meister war, noch stärken.

1760 erscheinen seine *Briefe über den Tanz,* die dem Herzog von Württemberg gewidmet sind. Diese schmeichelhafte Widmung verschafft ihm eine umgehende Einladung nach Stuttgart, wo er sein Talent endlich voll entfalten kann. Die von ihm so geliebte *Médée, Antonius und Kleopatra, Renaud et Armide, die Danaiden* und viele andere Werke werden mit der von den Enzyklopädisten gerühmten Strenge des neuen Theaters aufgeführt. Gaétan Vestris, der „Gott des Tanzes“, wohnte diesen Aufführungen bei und verkündete bei seiner Rückkehr nach Paris das Genie Noverres.

Eine Episode der *Briefe über den Tanz* gibt uns eine Vorstellung über die Wirkung, die verschiedene tragische Ballette Noverres erzeugten. Zwei italienische Dichter verlangen ihn nach der Vorstellung zu sprechen. „Bewegten Herzens, die Augen noch voll Tränen, sagten sie mir: Sie sind heute der Shakespeare Ihrer Kunst, sie sind grausam, denn um unsere Tränen zu trocknen, hätten Sie mit einem netten Kontertanz schließen sollen.“ Noverre begibt sich von einer Hauptstadt zur anderen, jedesmal wird er noch mehr gefeiert, noch mehr von allen Großen dieser Welt verlangt, denn sein bissiger Geist gefiel allen denen, die er nicht angriff. Marie-Antoinette erlangte für ihn endlich die Stellung eines Ballettmeisters der Königlichen Akademie, die eigentlich für Gardel bestimmt gewesen war.

GLUCK MOZART

Trotz der Feindschaft, der dieser „Ausländer“ noch begegnet, begibt er sich an die Arbeit. Zuerst mit Gluck, seinem Freund, und danach mit Mozart, woraus *Les Petits Riens* (Beinahe nichts) entstehen.

Aber plötzlich beginnen die Opernstars sich zu emanzipieren, in dieses edle Gebäude zieht die Anarchie ein. Die Guimard

La Camargo von Elisabeth Louise Vigée-Lebrun

zieht gegen Noverre zu Feld. Und doch verdankt auch sie ihm vieles. Inmitten der Verworrenheit der Ballette des 18. Jahrhunderts kamen ungewöhnlich viele Stars auf, die aber fast alle irgend etwas dem Tanzmeister Noverre verdankten. Nur Marie Sallé, die 1707 im Verlauf einer Provinztournee in einer Familie fahrender Schauspieler geboren wurde, und 1718 zum erstenmal in einer Oper von Lesage auftrat, verdankte ihre pantomimischen Einfälle nicht Noverre, und zwar aus dem einfachen Grunde, weil sie älter war als er.

MARIE SALLÉ

Als Operntänzerin geht sie mit ihrem Bruder nach London, wo beide durch den Impresario John Rich für Lincoln's Inn Field engagiert wurden. Marie zieht, wie später Noverre, die Nüchternheit der englischen Autoren der Affektiertheit der Italiener vor. Durch die bei den Tänzerinnen übliche wilde Eifersucht von Fräulein Prévost wird sie in die „Küstenwacht" verdrängt, aber der Beifall des Publikums bringt sie bald in die erste Reihe.

1729 kommt es zum Skandal. Sie tanzt mit Laval unmaskiert und im städtischen Anzug. In London erregt sie von neuem Sensation, weil sie ihre Reifröcke abgelegt, die Haare

Pas de deux: Dauberval und Marie Allard

Marie Sallé

aufgelöst und den Körper mit Schleiern umhüllt hat. 1734 brachten ihr *Les Indes Galantes* in Paris den endgültigen Erfolg. Den hatte sie auch nötig, denn die Camargo stellte für sie eine ernsthafte Bedrohung dar.

LA CAMARGO

Marie-Anne Cupis de Camargo, spanischer Herkunft, war auch eine Schülerin von Fräulein Prévost und tanzte auf italienische Art.

Aus einem höchst unvollkommenen Körper wußte sie die höchsten Wirkungen zu ziehen, beschränkte sich jedoch auf einen kraftvollen, akrobatischen Stil und vertrat, wie Noverre sagte, „das lebendige Genre".

Voltaire, der es ablehnte, bei diesen unaufhörlichen Streitigkeiten der beiden Ballerinen Partei zu nehmen, schrieb:

> „Ah! Camargo, que vous êtes brillante!
> Mais que Sallé, grands dieux, est ravissante!"

Sie war in der Tat entzückend, und ihr Charme verdeckte oft ihre fehlerhafte Technik. Als sie starb, mußte das Jahrhundert der Skandale zugeben, daß sie ein unfehlbares Privatleben gehabt hatte.

Was soll man jedoch von der Guimard sagen, dieser Verkörperung der skandalösen Ballerina des 18. Jahrhunderts, die sich ständig mit Noverre, ihren Direktoren und Musikern stritt? Sie trat am 9. Mai 1762 in der Oper zum erstenmal in der Rolle der Terpsichore auf. Marie-Madeleine Guimard,

LA GUIMARD

die „la Guimard" geworden war, drängte sich danach, den Ratschlägen Noverres zu folgen, obgleich es zwischen ihnen ständig zum Streit kam, denn wie alle starken Persönlichkeiten wollte sie vor allem ihre eigene Kunstauffassung durchsetzen.

Ballettfrisur, Zeichnung von Boquet

Während die Guimard durch eine außergewöhnliche Magerkeit auffiel („Ihr ganzer Körper bestand nur aus Höhlungen", behauptete ein satirischer Dichter), war Marie Allard hingegen recht beleibt, was sie jedoch nicht hinderte, mit überraschender Lebhaftigkeit zu tanzen. Ihr stürmisches Leben ging in die Geschichte ein, die sich ihrer als Mutter des dritten „Gottes des Tanzes" entsinnt, das 18. Jahrhundert vergaß jedoch nie ihren *Pas de deux* mit Dauberval in *Sylvie*.

Heinel war eine andere Tänzerin, die Noverre sehr viel verdankte. Diese Deutsche hatte eine große dramatische Begabung und war einige Zeit mit Gaëtan Vestris verheiratet.

Die Königin von Golconde, Dauberval

August Vestris

„Ein herrlicher und eleganter Körper, vollendet ausgeführte Tanzschritte, all ihre Bewegungen wurden mit Nervosität und Erhabenheit ausgeführt."

Der einzige Fehler von Louise-Madeleine Lany, die fast alle Ballette Rameaus tanzte, war die Schüchternheit.

Die Tänzer des Jahrhunderts von Ludwig XV. standen den Tänzerinnen nichts nach.

Dupré stellte im 18. Jahrhundert den unter Ludwig XIV. so beliebten „danseur noble" dar. Dazu brauchte man einen außergewöhnlich gut proportionierten Körper, harmonische Bewegungen und sichere Füße. Nachdem Dupré selbst eine Zeitlang „Gott des Tanzes" gewesen war, bildete er Gaétan Vestris aus, der ebenfalls diesen Titel erhielt, ehe ihm im selben Jahrhundert sein dritter Sohn als „Gott des Tanzes" nachfolgte.

Die aus Florenz stammenden Vestris (Gaétan und August) machten sich die Lehren Noverres und die Ballette mit „aktivem Tanz" zunutze, um ihr großes auf Grazie, Leichtigkeit und Intelligenz beruhendes Talent herauszustellen.

Noverre, der sich mit Knochenlehre beschäftigt hatte, sagt, Herr Vestris sei „bäckerbeinig . . . und der beste oder einzige seriöse Tänzer, den es auf dem Theater gibt". Vestris-Sohn: der erstaunlichste Tänzer Europas. Er weigerte sich übrigens als einziger eines Tages, vor der Königin von Frankreich zu tanzen, gehorchte aber seinem Vater, der ihm denselben Befehl gegeben hatte.

Herr Lany, ein anderer Tänzer, „ist krumm und zieht aus diesem Fehler einen Vorteil, der ihn als geschickten Mann erscheinen läßt, er ist der gebildetste Tänzer, den ich kenne".

Maximilian Gardel debütierte in sehr jungen Jahren an der *Académie royale de musique*, wo man seinen schwerelosen Stil bemerkte, doch gelang es ihm nicht, Vestris zu übertreffen. 1781 bekam er die Stelle eines Ballettmeisters, die zuerst Lany und nach ihm Noverre innegehabt hatten. Mit *La Chercheuse d'esprit* und *Ninette à la Cour* setzte er sich als Choreograph durch.

Sein ältester Bruder, Pierre, verfaßte ebenfalls Ballette und komponierte *Le Jugement de Pâris* (Das Parisurteil), *La Dansomanie, Daphnis et Pandrose ou la vengeance de l'amour* (Daphnis und Pandrose oder die gerächte Liebe) und *Achille à Scyros* nach einer Musik von Cherubini. Über Dauberval sagt Noverre: „Dauberval, mein Schüler, den zuerst die

Grazien gebildet hatten, wurde dick und muskulös." Wenn Dauberval mit Lany, Allard und Pélin einen *pas de quatre* tanzte, war er die unentbehrliche Stütze einer Gruppe. Sein schönstes Ballett *La Fille mal gardée* (das schlecht behütete Mädchen) hat die Bühne seit 1789 nicht verlassen, und verschiedene zeitgenössische Truppen haben es heute noch auf ihrem Repertoire. Da er in der Schule der Pantomime ausgebildet worden war, sollte er seinerseits Salvatore Vigano beeinflussen.

Der halbe Mißerfolg von Noverre und der Sallé, die in einem Jahrhundert großer Erfolge zu früh mit Reformen beginnen wollten, hatte glückliche Folgen. Sie werden in andere Hauptstädte berufen, die sie ermutigen und ihre Ideen entwickeln. Diese Künstler reisen auch aus finanziellen Gründen. Der französische Tanz war nicht mehr absoluter Herrscher, und die Italiener aller Stilrichtungen bekamen wieder eine Sicherheit, die sie im Jahrhundert Ludwigs XIV. verloren hatten.

Für die Tanzkünstler verlieren die nationalen Schranken an Bedeutung. In Sankt Petersburg begegnen sich Franzosen und Italiener, wetteifern miteinander und heiraten sich manchmal. Die neue Stilrichtung ist noch nicht ganz klar. Aber eines steht fest: die Italiener zeigen eine große Vorliebe für Kraft und Akrobatik.

Noverre hingegen schrieb: „Ich selbst werde heute nur noch als ein alter unbequemer Schwätzer angesehen; und doch versucht man mich nachzuahmen, aber, leider, auf was für eine Art!" Zwei Männer unternehmen in Europa die sehr notwendige Arbeit, das Ballett zu reformieren.

Die Campilli

VII Das Ballett in Europa

HILFERDING

Franz Hilferding war Österreicher. Auch er stammte aus einer der in jener Zeit so modernen fahrenden Schauspielerfamilien. Nachdem er in Paris bei Meister Blondi den Tanz gelernt hatte, wurde er bei seiner Rückkehr nach Wien sofort zum Ballettmeister des Hoftheaters ernannt. Dort tanzt er artig mit Maske und Perücke, ist jedoch fest entschlossen, diesen dummen Brauch später abzuschaffen.

In seinem ersten Ballett werden Colombinen und Pulcinelle in der Tat durch heimische Gestalten ersetzt: Köhler, Tiroler Bauern, Ungarn im Nationalkostüm, die alle die Gesten ihrer Berufe, wie sie uns durch die Stiche der Enzyklopädisten überliefert sind, in Musikbegleitung ausführten. Im Gegensatz zu denen Noverres haben seine Reformen augenblicklichen Erfolg. Aus Kostümen, Bühnenbildern, Beleuchtung und Rhythmen wird jetzt geschickt eine Einheit geschaffen. 1740 führt er *Britannicus* von Racine in Dresden in Form eines pantomimischen Balletts nach den Regeln der dramatischen Kunst auf; danach *Alzire* von Voltaire und *Idoménée* von Crébillon.

Nach einem Aufenthalt in Stuttgart kehrt er als Choreograph an das Wiener Hoftheater zurück und schafft dort pantomimische Ballette, welche die neuen Anschauungen vertreten. Wegen seiner Kunstfertigkeit wurde er so berühmt, daß die Kaiserin Elisabeth Petrowna den Wiener Hof bat, ihm die Erlaubnis zu erteilen, sich nach Petersburg zu begeben, um dort für die „Vollendung und Erneuerung des Ballettes" zu wirken.

Hilferding kommt mit seiner gesamten Truppe nach Petersburg; ihr gehören der tschechische Komponist Starzer und die Stars Santina Aubry, gebürtige Zanuzzi aus Padua, Teresa Colonna und Gaetano Cesare an.

SANTINA AUBRY

Santina Aubry hatte in Mailand, Venedig und im Wiener Hoftheater getanzt. Dort hatte eine eifersüchtige Frau, die Kaiserin Maria-Theresia, sie des Landes verweisen lassen, weil sie meinte, daß ihr Mann, Franz II., dieser Tänzerin Aufmerksamkeiten erwies, die mit der Tanzkunst nichts zu tun hatten.

Casanova, der dem Paar Santina-Aubry irgendwo in Europa begegnete, schrieb:
„Der erste, der sich mit den unter alten Bekannten schuldigen Umarmungen mir zuwandte, war ein junger Tänzer namens Aubry, den ich in Paris als Figurant der Oper und danach in Venedig kennengelernt hatte. Er war berühmt, weil er sowohl zum Liebhaber einer der ersten Damen Wiens und gleichzeitig zum *Mignon* ihres Mannes geworden war ... Zu Beginn der Fastenzeit schickten ihn die Staatsinquisitoren nach Triest. Er stellte mir seine Frau vor, die wie er Tänzerin war und Santina hieß. Er hatte sie in Sankt Petersburg geheiratet, wo er sie kennengelernt hatte, und sie wollten den Winter in Paris verbringen."

TERESA COLONNA

Teresa Colonna, die Venezianella genannt, wurde 1734 in Venedig geboren und machte auf den italienischen Bühnen eine beispiellose Karriere; ihr erstes Auftreten in Sankt Petersburg, wo sie bis 1778 bleiben sollte, war ein Triumph.

GAETANO CESARE

Gaetano Cesare hingegen, dessen Füße „den Boden niemals berührten", wurde in die kaiserliche Balletttruppe aufgenommen und schuf für die Krönungsfeierlichkeiten von Katharina der Großen nach einer Musik von Starzer den Armen Jurka. Erst im Sommer 1764 verließ Hilferding endgültig Rußland, und da seine Theaterunternehmungen ihn vollständig ruiniert hatten, starb er in Wien völlig verarmt.

ANGIOLINI

Nun wandte man sich an Gasparo Angiolini. Er war 1721 in Florenz geboren, hatte als Tänzer angefangen und komponierte seine ersten Ballette für das Reggio-Theater von Turin, für das er die musikalischen Partituren schrieb. Von dort aus kam er an das Wiener Hoftheater, wo er Hilferding begegnete, den er während seines Rußlandaufenthaltes vertrat. 1761 schreibt er in Wien das Libretto und komponiert die Choreographie zu *Don Juan oder der steinerne Gast* nach einer Musik von Gluck. Dieses Ballett sollte den akademischen Tanz verurteilen und das Prestige des pantomimischen Ballettes erhöhen. Anschließend brachte er *Cythère assiégée* (Das belagerte Cythère) zur Aufführung, eine komische Oper von Favart, deren Musik ebenfalls von Gluck stammte. 1762 komponierte er die Tänze von *Orpheus,* der ersten Oper, in der der Komponist die Prinzipien seiner Reform uneingeschränkt zur Anwendung brachte. Die Laufbahn von Angiolini wurde in Wien fortgeführt, wo er zwischen 1763 und 1764 die Reihe seiner heroischen Ballette schuf: *Kleopatra, Thesis und Peleas, Iphigenie* und dann *Sémiramis* nach Voltaire. Das Wagnis von Sujet und Inszenierung wurde heftig diskutiert, Angiolini blieb jedoch seinen Prinzipien treu, nach denen er 1766 in Sankt Petersburg *Die verlassene Dido* einschließlich Musik und Choreographie schuf. *Dido* beeindruckte die Russen. Dann folgten die *Chinesen in Europa* (1767), Einfall und Musik von Angiolini, und ein russisches Ballett über heimatliche Themen und Weisen, das viel Erfolg hatte.

Er denkt sich auch die Inszenierung eines sowohl lyrischen wie auch dramatischen und choreographischen Schauspiels aus: *Der Adler der Tugend.* Das geschah zur Zeit, als der Tänzer Bublikof Timofey Semenowitsch nach Abschluß der Tanzschule von Petersburg zum erstenmal öffentlich auftrat. Anschließend wurde er der erste Tänzer des russischen Hofballetts. Das bedeutet ein Ereignis, denn bis zu jener Zeit waren die „Startänzer" ausschließlich Italiener oder Franzosen.

Michele Fabiani

Im Verlauf einer Reise nach Mailand begegnet Angiolini Noverre, der seine pantomimischen Ballette im herzoglichen Theater aufführen will. Damit wird die Ursache des Streites Angiolini–Noverre geschaffen. Der Stolz Noverres war berechtigt, er wollte jedoch als alleiniger Schöpfer des pantomimischen Balletts angesehen werden. Angiolini führte hingegen an, daß dieser Stil die Frucht seiner Zusammenarbeit mit Hilferding sei. Es kam zum Austausch von Briefen und Pamphleten. In Wirklichkeit hatten alle drei zur Entstehung dieses Balletts beigetragen, und keiner konnte sich die alleinige Urheberschaft zuschreiben.

1788 verläßt der hochgeehrte Angiolini Rußland in Besitz einer Pension, um sich in Mailand niederzulassen, wo er dem Durchmarsch Napoleons beiwohnt. Dieses historische Ereignis gibt ihm den unglücklichen Gedanken ein, in seinem Garten einen Baum der Freiheit zu pflanzen. Die Österreicher, die sich nicht weit entfernt hatten, kehrten in die Stadt zurück und deportierten Angiolini, der seine Freiheit durch Vermittlung des Generals Moncey zurückerlangte. Er lebte jedoch nicht mehr lange genug, um davon zu profitieren.

Wir haben gesehen, daß Rußland für französische und italienische Tänzer zu einem vorübergehenden Zufluchtsort geworden war. Dies war drei aufeinanderfolgenden Zarinnen zu verdanken: Anna Iwanowna (1730–1740), Elisabeth Petrowna (1740–1762) und vor allem Katharina der Großen (1762–1796). Katharina begeisterte sich durchaus nicht für Kunst und Musik, erkannte jedoch mit Scharfsicht, daß andere dafür empfänglich waren. Darum tat sie alles, um Oper und Ballett zu fördern. Casanova, dieser seltsame Journalist des 18. Jahrhunderts, der bald im bequemen Reisewagen, bald mit der Schnellpost durch Europa reiste, weil er irgendeiner feindlichen Regierung entkommen wollte, erzählt:
„Eines Abends hörte ich sie beim Verlassen der Oper, wo man die *Olympiade* von Metastasio gegeben hatte, folgende Worte aussprechen: Die Musik dieser Oper hat allen viel Vergnügen bereitet, und darum bin ich entzückt; aber ich selbst habe mich gelangweilt. Die Musik ist gewiß etwas Schönes, aber ich begreife nicht, wie man sie mit Leidenschaft lieben kann, außer, wenn man nichts Wichtiges zu tun oder zu denken hat. Jetzt lasse ich Buranello kommen; ich bin gespannt zu wissen, ob er es versteht, mir die Musik interessant zu machen, aber ich zweifle daran, denn ich glaube, ich habe kein Gehör."
Während Casanovas Aufenthalt wimmelt es in Sankt Petersburg von Italienern. 1735 war Cosimo Damiano Tesi, ein Tänzer und Choreograph, mit seiner Frau nach Rußland gekommen. Bei seiner Abreise im Jahre 1738 trat Antonio Rinaldi an seine Stelle, der selbst aus Venedig kam und nach London reisen wollte. Rinaldi führte in der russischen Hauptstadt 1736 *La Forza dell'amore et dell'odio* auf; 1737 eine andere Oper, *Il falso Nino o la Semiramis riconnosciuta*, und 1738 *Artaserse*, nach einem Libretto von Metastasio. Mit den Italienern debütieren die ersten russischen Tänzer, etwa zwanzig an der Zahl, zu denen Axinia Baskakowa in *Scipio* und Catherina Azarewitsch Lobianka gehören. Wenn jedoch die Beförderungen sehr schnell erfolgen, so gibt es auch un-

vorhergesehene Zwischenfälle. Rinaldi muß flüchten und geht nach Frankreich. Dort tanzt er mit Barberina Campanini (1721–1779), die außer künstlerischen Gaben noch ein bemerkenswertes Temperament besitzt.

CAMPANINI

Zur selben Zeit engagierte Sankt Petersburg den Franzosen Jean-Baptiste Landet oder Landé, der den Schülern des Kadettenkorps Tanzunterricht geben sollte.

Jetzt trat Locatelli in Erscheinung, Autor und Organisator von Schauspielen, der über eine ausgezeichnete lyrische Truppe und ein sehr geübtes Ballettkorps verfügte, in dem Antonio Sacco, seine beiden Schwestern Andreina und Liberia sowie seine Frau Conti de Sales hervortraten. Die Truppe führte mit Erfolg *Le feste di Cleopatra, Le Dame del Serraglio, Il ritorno dei marini, La fiera di Londra* und zahlreiche andere Ballette auf. Einige Jahre bevor Angiolini Rußland verließ, engagierte das Petrowsky-Theater den italienischen Choreographen Giuseppe Salomoni, der seine Kunst in Venedig, Neapel, Lissabon, Turin und Mailand ausgeübt hatte.

LOCATELLI

Les Cannibales vaincus (Die besiegten Kanibalen). Bühnenbild

Pierre Gardel

Die Barbarina in einem ländlichen Ballett

Doch soll man sich nicht einbilden, in Petersburg könne man leicht zu Erfolg kommen. Das Publikum ist streng, und obwohl die Kaiserin wenig Geschmack hat, erträgt sie keine schwachen Talente.

In der Mitte des 18. Jahrhunderts haben die Grenzen wenig Bedeutung, man muß nur Künstler oder der gute Freund eines solchen sein, oder auch ein Händler mit dem Auftrage, eine ruinierte Grafschaft durch ein waghalsiges Unternehmen zu sanieren. Das Ballett spaziert durch Europa; in dieser Herberge trifft eine italienische Tänzerin ein, in einer anderen der Kapellmeister Galuppi und seine Freunde. Und dieser Austausch der Künstler zwischen den Hauptstädten fördert den Tanz.

BARBARINA

In Berlin bekam das bereits hochgeschätzte Hofballett mit der Ankunft der Barbarina neuen Auftrieb. Auf Anraten der Ballerina eröffnete Friedrich der Große 1742 die Königliche

Peter Crux

Oper. Die Barbarina blieb jedoch nicht lange am gleichen Ort. In Paris tanzt sie mit Rinaldi. Von dort fährt sie nach England und verspricht Friedrich dem Großen, anschließend wieder nach Berlin zu kommen. In London verliebt sie sich jedoch in einen Lord, und das Paar zieht sich für seine Flitterwochen nach Venedig zurück, wo es auf einen Skandal nicht mehr ankommt. Die Reaktion Friedrichs des Großen ist überaus heftig, er bedroht die Republik Venedig mit den schlimmsten Repressalien, und diese hält es für klüger, die Schuldigen auszuliefern. Da die Barbarina jedoch ein Star war, kam alles wieder in Ordnung. Die Ballerina wurde für Friedrich eine Art Pompadour, blieb jedoch weiterhin Tänzerin.

Friedrich hingegen verhielt sich diesen bizarren Geschöpfen gegenüber, die Europa beherrschten, von nun an viel vorsichtiger. Das geht aus den *Erinnerungen* Casanovas hervor:

„Unser Herbergszimmer lag dem Korridor gegenüber, durch den der König gewöhnlich das Schloß verließ. Die Fensterflügel waren geschlossen, und unsere Wirtin erzählte uns, die Reggiana, eine sehr hübsche Tänzerin, habe in dem von uns besetzten Zimmer gewohnt. Eines Tages hatte der König sie dort splitternackt gesehen. Anscheinend waren seine Augen durch diesen Anblick beleidigt worden, denn Seine Majestät ließ die Fenster schließen, und sie waren seitdem noch nicht wieder geöffnet worden, obwohl die hübsche Tänzerin schon seit vier Jahren nicht mehr dort wohnte. Der König hatte Angst, denn er war von der Barberina schlecht behandelt worden."

HOGUET

Mit der Zeit läßt das Interesse des Publikums für das Ballett nach. Dann kommt François-Michel Hoguet, ein französischer Tänzer und Choreograph (1773–1871), nach Berlin, wo er sogleich zum Ballettmeister ernannt wird und fünfzig Jahre bleibt, während denen er Ballette wie *Robert und Bertram* (1841) und *Aladin oder die Wunderlampe* komponiert (1854).

In Wien besteht in der ersten Hälfte des 18. Jahrhunderts mit Anna Scio, der Frau des französischen Meisters Alexandre Philibois, noch die Tradition der italienischen Ballette des 16. Jahrhunderts weiter. Auch darf man Peter Cruz, einen österreichischen Schüler Gardels, nicht vergessen, der ausschließlich im Wiener Theater wirkte und den Vergleich

Antoine Bournonville

mit den besten Pariser Künstlern bestehen konnte. Dann kamen Hilferding, Angiolini und 1767 Noverre mit seiner *Apotheose des Herkules.* Sein erfolgreicher Nachfolger wurde Antoine Pitrot.

In Warschau gelangt ein Tänzerpaar zu Ruhm, die Binetti und ihr Mann Le Picq. Casanova erzählt:

„Der König sagte, er wolle sie für tausend Dukaten für acht Tage nach Warschau engagieren, um sie tanzen zu sehen ... In drei Tagen stellte Picq ein Ballett zusammen: Kostüme, Bühnenbild, Orchester, Figuranten, alles war bereit ... das Paar fand soviel Gefallen, daß man es für ein Jahr engagierte und ihm völlige Freiheit gab. Das mißfiel jedoch der Cataï, die durch die Talente der Binetti in den Schatten gestellt wurde; letztere beging jedoch das noch größere Unrecht, ihr ihre Anbeter abspenstig zu machen.

In zehn bis zwölf Tagen war das Haus der Binetti mit Eleganz eingerichtet worden: einfaches Geschirr, vergoldetes Silber, im Keller köstliche Weine, ein ausgezeichneter Koch, zahlreiche Anbeter ... Das Parkett war in zwei Lager gespalten, denn obgleich das Talent der Cataï von dem der Binetti vollkommen in den Schatten gestellt wurde, hatte sie doch nicht geglaubt, vor ihr weichen zu müssen. Sie tanzte im ersten Ballett und ihre Rivalin im zweiten. Alle, die der ersteren applaudierten, schwiegen beim Auftreten der zweiten und umgekehrt."

In Riga trifft Casanova wieder mit Campioni, „einem weit über seinem Beruf stehenden Tänzer", zusammen, der ihm mit Zufriedenheit erklärt: „Ich habe Petersburg vor zwei Jahren verlassen, und es gefällt mir gut hier, denn ich habe Schüler, die mir Ehre machen."

Durch Henri Malter entwickelte sich das pantomimische Ballett in Stuttgart und bekam 1758 durch Michele de Agata und François Sauveterre neuen Antrieb. Diese beiden Männer begründen ein Ballettkorps mit etwa dreißig Schülern, und zwei Jahre später befinden sich Noverre mit Vestris, Dauberval, Gardel, Heinel und Luisa Toscani in dieser Stadt. Die Erfolge, die Noverre hier davontrug, sind bekannt; um das Stuttgarter Publikum von neuem für das Ballett zu interessieren, wird man die Ankunft der Taglioni und das Aufkommen der Romantik erwarten müssen.

JOHN WEAVER

John Weaver kann man als Schöpfer der Pantomime und der englischen Tanzschule ansehen. Er wurde 1673 geboren

Vicenzo Galeotti

und war von 1700 bis 1736 Tänzer, Ballettmeister und Choreograph in Drury Lane und Lincoln's Inn Field. Weaver hat außerdem die *Orchesography*, eine Neuausgabe des Buches von Feuillet, sowie eine Sammlung *Choreographischer Blätter* veröffentlicht. Auch darf man Aldrige Robert (1738–1793), Tänzer und Ballettmeister, nicht vergessen, der in Dublin und London zahlreiche Werke komponierte und schließlich in Edinburgh eine Tanzschule eröffnete. Sein Schüler Slingsby Simon ist wahrscheinlich der erste Engländer, der auf dem Gebiete des Tanzes einen sicheren Ruhm gewann. Mit Baccelli und Vestris trat er im King's Theatre von London auf. Bei dieser Gelegenheit müssen wir darauf hinweisen, daß sich die Engländer sonst damit begnügten, die Tänzerinnen vom Kontinent kommen zu lassen. Zu den Tänzern der Königlichen Oper von Kopenhagen gehörte das Ehepaar Sacco. Sacco verstand es, dem Ballett die von Noverre, Angiolini und Hilferding erstrebte dramatische Ausdruckskraft zu geben, vor allem in *Die Liebe ist stärker als der Tod* und *Der eifersüchtige Kosak.* 1775 folgte ihm Vincenzo Galeotti, der *Hirte und Fee, Der Jahrmarkt von Amsterdam* sowie *Die Launen der Liebe und des Tanzlehrers* aufführte, die im 20. Jahrhundert unter dem Titel *Les Amours de Cupidon* von dem Dänen Harald Lander an der Pariser Oper neuaufgeführt wurden. Galeotti machte in Kopenhagen eine glänzende Karriere und starb dort 1816. Als Schüler hatte er Antoine Bournonville gehabt, dessen Sohn August (1805–1879) die große Tradition des dänischen Balletts begründen sollte, die heute von Flemming Flindt und Eric Bruhn weitergeführt wird.

GALLODIER

Als die Stockholmer Oper begründet wurde, besaß die Stadt bereits ein Ballett, das unter Leitung des Franzosen Gallodier (1773–1803) stand, der an der Pariser Oper ausgebildet worden war. Das schwedische Publikum begeisterte sich für diese ausländischen Tänzer: Mademoiselle du Tillet, Giovanna Bassi, Louis Gallodier und Louis Frossard. Auch Antoine Bournonville, der Gallodier nachfolgte, fand noch Interesse, aber nach und nach sank das Ballett trotz der Bemühungen Filippo Taglionis, der die Tochter des Schauspielers Karstens geheiratet hatte, ab. Da trat der Schwede Anders Selinder auf den Plan und stellte das Ballettkorps neu zusammen. Er versuchte Volkstänze auf die Bühne zu bringen, die jedoch beim Publikum keinen Anklang fanden.

La Vengeance ou le Triomphe de l'Amour (Rache oder Triumph der Liebe). Kostüm

VIII Das Ballett in Italien – das Ballett des Papstes – Salvatore Vigano

Das stark vom Gedanken der Pantomime und des Tanzes „en action“ beeinflußte italienische Ballett hatte sich gegen Ende des 18. Jahrhunderts der Tragödie zugewendet. Überall wurden Theater eröffnet, wo der heroische Tanz in gewisser Weise das Kino jener Zeit darstellte. Er wurde sogar auf der Messe von Padua und in den Arenen von Verona aufgeführt. Die Tanzschulen waren immer zahlreicher geworden: 1754 in Turin die vom Regio-Theater; 1812 in Neapel im Theater San Carlo, die Salvatore Taglioni auf Anregung von König Murat begründet hatte; 1813 die der Scala.

In Turin, der Hauptstadt von Piemont, traten alle Berühmtheiten des italienischen Tanzes und zu gleicher Zeit die französischen Stars auf. 1743 finden wir dort den venezianischen Choreographen Gaetano Grossatesta, aber auch die Franzosen Lany, Vestris den Älteren mit seiner Frau und die Tänzerin Allard. Dann tanzten Gasparo Angiolini und seine Frau Teresa Fogliazzi *Antigone*, die *Entdeckung Amerikas* und *Flämischer Bauerntanz in einer Herberge.*

GAETANO GROSSATESTA

1759 führte Dauberval einige seiner Ballette im Regio-Theater auf. Anna Campioni war Daubervals Partnerin in *Isée* (1761), und im Ballettkorps wirkte Carlo Taglioni, der Ahnherr der berühmten Familie, mit. 1790 befanden sich zusammen am Regio-Theater: die Tänzer Andrea und Antonia Vulcani, der Choreograph Muzzarelli und kurze Zeit danach Pietro Angiolini, der Sohn des Gasparo. Als Piemont vorübergehend republikanisch wurde, führten die Ballette von Turin republikanische Themen auf.

In Neapel erregte das Ballett nicht weniger Begeisterung.

Maria de Caro

Zur Regierungszeit Karls III. gab der Vizekönig 1735 den Impresarios den Befehl, den neuen Spielplan des Theaters San Bartolomeo aufzustellen und dabei zwei von den ersten Künstlern ausgeführte Ballette mit einzubeziehen, deren Choreographie von Grossatesta und Aquilanti stammte. Am 4. November 1737 wurde San Carlo mit *Achill in Scyros* von Metastasio eröffnet. Zu den gefeierten Künstlern gehörte die Tintoretta, die ihren Beinamen von dem Färbergewerbe ihres Vaters hatte. Zum größten Unglück von Johann Christian Bach kam 1761 Filippo Beccari mit seiner Schwester Colombe, einer grazilen und verführerischen Tänzerin, nach Neapel. Die Oper Johann Christian Bachs, *Cato,* hatte großen Erfolg, der von der jungen Colombe verführte unglückliche Komponist verfolgte diese jedoch mit seinen Anträgen bis ins Theater. Der Türhüter rief ihn zur Ordnung. Ohne Erfolg. Da sich die Szene am nächsten Tag wiederholte, wurde Johann Christian Bach das Betreten des Theaters für alle Zeiten verboten. BECCARI

Am 30. Mai 1737 führten Le Picq und die Binetti in Neapel französische Tänze auf, bei denen weder Akrobatik noch übertriebene Pirouetten à la Vestris vorkamen. Da beide einen Mißerfolg dieser verhältnismäßig neuen Tänze gefürchtet hatten, waren sie erstaunt über den Erfolg ihres äußerst nüchternen Stiles, der zur italienischen Tanzweise in starkem Gegensatz stand. Anna Ramoni Binetti, wegen der sich Casanova in Warschau mit einem Offizier duellierte und die dort mit ihrem Liebhaber Le Picq zu Vermögen kam, trat nacheinander in Venedig, Stuttgart, London, Innsbruck, Mailand, Monaco, Neapel auf und beschloß ihre Karriere in Wien. Bei Le Picq fand Noverre alle für einen Tänzer notwendigen Eigenschaften: „Die schönen Proportionen seines Körpers, der Adel des Gesichtes, die bezaubernde Harmonie seiner Bewegungen und die kostbare Vollendung eines um so erstaunlicheren Auftretens, als es immer mit Leichtigkeit geschah, und seine körperlichen Anstrengungen durch die Anmut verborgen wurden.“ De Caro, Schüler von Vestris und Noverre, sah nicht so gut aus, aber trotzdem hatte sein Tanz im San-Carlo-Theater ungeheuren Beifall. BINETTI DE CARO

Das Aufkommen des Ballettes in Rom wurde durch die Gegenwart des Papstes nicht behindert. Die Frauen waren jedoch immer noch von der Bühne verbannt, und die Tänzer

Einübung eines Balletts in Venedig. Pietro Longhi

durften nur vermummt auftreten. Noverre schreibt in seinen *Briefen:* „Das neue Rom scheint sich in dieser Hinsicht nach dem alten zu richten. Die jungen ‚Imparfaits' singen die Frauenrollen, und Jünglinge treten als Tänzerinnen auf." Diese Maßnahme entsprang einer lobenswerten Sorge um die Moral, das Übel wurde dadurch jedoch höchstens noch verschlimmert: Männer trugen den Titel „erste Tänzerin", und wenn sie auch das Adagio und Allegro vollendet tanzten, so ließen ihre wilden Umdrehungen doch eine vorschriftsmäßige kleine schwarze Unterhose sehen, die zu ihren Ausschnitten und kurzen Röcken einen komischen Kontrast bot. In Padua wurde 1792 *Die Zerstörung Karthagos,* ein heroisches Ballett mit Pantomime von Domenico Ballon, uraufgeführt, das von Domenico und Teresa Ballon getanzt wurde.

Tagesmode der venezianischen Theater war das akrobatische Ballett. In ihren Büchern über Musik und Ballett erklärt die Abenteurerin Sarah Goudar den Unterschied zwischen einem französischen und einem italienischen Tänzer, verurteilt die übertriebenen Kunststücke der Italiener und erinnert an die Vorführung eines Tänzers, der beim Sprung senkrecht mit dem rechten Fuß aufsetzte und so acht Minuten im Gleichgewicht blieb.

1764 führte Giuseppe Salomoni *L'Isola incantata di Circe* (Die Zauberinsel der Circe) und *Il Matematico* auf. Aufsehenerregender waren noch die *Olympiade* von 1765, deren drei Akte Metastasio zu einer Musik von Bartoli geschrieben hatte, *I Amori di Zeffiro* im Theater San Cassiano und endlich *La Ghirlanda incantata* (Die verzauberte Girlande), ein Werk Fabianis, „Tänzer der Herrscherin aller Reußen".

Ehe Galeotti nach Kopenhagen ging, schuf er 1771 noch einige Ballette. 1773 tritt Gasparo Angiolini im Theater San Benedetto mit Antonio Campioni und Katharina Kurtz in *La Partenze di Enea* (Der Abschied des Äneas) und *L'Arto vinto dalla natura* (Die von der Natur besiegte Kunst) auf.

Neue Namen erscheinen: Caterina Ramaccini, die Brugnoli, Anna Conti, die Burgioni, die Mantovanina, Margherita Fusi und die beiden Campioni.

Das Duo Campioni – Antonio und Ancilla – hatte bereits einen guten Ruf. Antonio, der Sohn des Schauspielers Giuseppe Campioni aus Parma, war bereits überall in Europa

Antonio Muzzarelli

Gaetano Gioja

gefeiert worden; von 1748 bis 1750 tanzte er mit seiner Frau in London, dann in Wien, Warschau und Sankt Petersburg. Nach den Worten des Präsidenten de Brosses „war sie die schönste Frau Italiens".

Auch die Taglioni sind da: Carlo Taglioni führt im Theater San Moïse von Venedig *La sposa rubata* (Die geraubte Gattin) und *La fiera hollandese* (Der holländische Jahrmarkt) auf, ein Ballett, in dem Filippo und Giuseppe Taglioni als Solisten auftreten. Erster „Groteskentänzer": Domenico Turchi, Erste „-tänzerin": Luigia Taglioni.

In der Mitte des 17. Jahrhunderts wurde in Mailand das Herzogliche Theater, die spätere Scala, eröffnet. Zuerst wurden dort anonyme Ballette aufgeführt, dann erschienen nach und nach die Namen der Künstler und Choreographen mit Titeln auf dem Spielplan. Im Frühjahr 1758 erschien das erste eingehende Libretto eines Ballettes mit dem Titel *Die Fabel von Bacchus und Ariane.* Das Herzogliche Theater wurde der Schauplatz von Balletten „en action", und ab 1773 ließ Noverre dort seine Werke aufführen.

Obwohl die Mailänder sein Genie anerkannten, fanden sie seinen Stil etwas zu gewaltsam und wurden davon nicht so ergriffen, wie Noverre es gewünscht hätte. Der Choreograph ließ sich nicht entmutigen und kehrte später in die Stadt zurück, um dort *Medea und Jason, Renaud et Armide, Adèle de Ponthieu* und *Die Horatier und die Kuratier* aufzuführen. Dasselbe Lob, dieselbe Kritik.

Am 2. Februar 1776 brannte das Herzogliche Theater und zwei Jahre später wurde die Scala mit der Oper *L'Europa Riconosciuta,* Musik von Salieri, und mit einem großen Ballett *Pafio e Mirra* des Choreographen Claude Legrand eröffnet. Auf der Bühne bewegten sich sechzig Tänzer vor dem herrlichen Bühnenbild der Brüder Galliari, wobei ein Zirkus, wilde Tiere, Revolten und andere „Schlager" auftraten. Jetzt näherte man sich mit Riesenschritten der „Revue". Der Choreograph Canziani ging im *Apollo Placato* noch weiter und ließ eine Bande von Korybanten, Satyren und Faunen nach den Klängen von Trommeln, Becken und Kastagnetten tanzen. Auf die Lieder folgte ein getanzter Chor, sowie *Pas de deux* und *Pas de quatre.*

General Colli in Rom oder das Ballett des Papstes. Kurz vor der napoleonischen Besetzung, die sehr einer Befreiung ähnelte, hatte dieser Titel in Mailand starke Anziehungs-

kraft. Nach Angaben des Librettisten soll die Idee dieses Schauspiels von Napoleon selbst stammen, dessen Truppen sich zum Marsch auf Rom anschickten.
Libretto: Salfi, Musik: Pontelibero, Choreographie: Paolino Franchi. Papst Pius VII., dessen Rolle Dominique Lefèvre tanzt, zögert zwischen den Ratschlägen des Superiors vom Dominikanerorden, der zum Frieden rät, und denen der Kardinäle, die um jeden Preis den Krieg verlangen. Nach einigen Liebesintrigen seiner beiden Nichten, der Prinzessinnen Braschi und Santacroce, überträgt der Papst dem General Colli die Verteidigung der Ewigen Stadt. Im vierten Akt wohnt der Papst im Vatikan einem Ballett bei, das nach dem Libretto alle Leidenschaft darstellte, „die er für die flinksten und hübschesten Beine empfand". Im fünften Akt läßt General Colli seine Truppen auf dem Petersplatz Revue passieren. In diesem Augenblick überbringt ein Bote die Nachricht vom Sieg der Franzosen in Mantua. Der Papst verliert das Bewußtsein. Der Superior der Domenikaner bietet ihm eine phrygische Mütze an. Empört will ihm General Colli diese entreißen, das Volk schreitet jedoch ein, und der Papst setzt sich selbst die rote Mütze auf.
Trotz des etwas skandalösen Themas befand sich die gesamte Mailänder Gesellschaft bei der Premiere im Saal, aber am Ende des fünften Aktes kam es zum Tumult: Eine Gruppe französischer Offiziere verlangte mit viel Geschrei, daß man den Papst und General Colli eine „Périgourdine" tanzen ließ. Beide führten sie auf der Stelle aus. Das *Ballett des Papstes* wurde neunmal aufgeführt. Inzwischen war zwischen Pius VII. und Bonaparte der Friede von Tolentino unterzeichnet worden. Selbstverständlich verschwand das Ballett sofort vom Spielplan.
Anschließend wurde in der Scala das tragische Ballett des Choreographen Filippo Beretti *La Pozzia* aufgeführt; dann *Romeo und Julia,* wo im zweiten Akt die Arena von Verona mit Tänzen und Turnieren gezeigt wurde, und *La Bella Zoraida* vom Choreographen Giuseppe Rossi, dessen Handlung sich in Peru abspielt. Für das Theater von La Cannobiana komponierte Antonio Muzzarelli *I Amori d'Igor* und *Kapitän Cook auf den Westindischen Inseln.* Francesco Clerico spezialisierte sich im tragisch-pantomimischen Ballett: *Der Tod des Herkules,* auf das *Der Fall Trojas* und *Ludovico il Moro* folgten.

Die Viganos. Zeichnungen von Schadow

Gaetano Gioja hatte als Jugendlicher Vestris tanzen sehen. Damals hatte er beschlossen, auch Tänzer zu werden. Nachdem er bei dem Ballettmeister Traffieri gelernt hatte, trat er im Alter von neunzehn Jahren zum erstenmal auf. 1789 führt er in Vicenza sein erstes Ballett *Sophonisbe* vor, das ihm alle Türen öffnet.
Sarah Goudar hatte Noverre getadelt, weil man in seinen Balletten, wie sie sagte, viel umherlief und wenig tanzte. In Giojas Werken war der Tanz wichtiger als die Pantomime, und als Salvatore Vigano seinen *Cäsar in Ägypten* sah, scheute er sich nicht, zuzugeben, daß Giojas Ballett um vieles besser sei als das seine! Gioja arbeitete gewöhnlich nachts und komponierte ,gleichzeitig Choreographie und Musik.

Vigano, Vater

Nachdem er über zweihundertundfünfzig Ballette verfaßt hatte, fand er durch einen Sturz von der Bühne den Tod. Nun machte ein gewisser Vigano von sich reden. Alle Mitglieder der Familie Vigano waren Tänzer; so war es selbstverständlich, daß er bei seiner Geburt im Jahre 1769 gleich für die Laufbahn eines Tänzers bestimmt wurde. Er trat zum erstenmal in Rom in einer Kostümrolle auf, dann tanzte er in Venedig und später in Spanien. Im Verlauf dieser Reise begegnete er dem Franzosen Dauberval, und dieses Zusammentreffen war für die Karriere des jungen Vigano entscheidend. Eine andere wichtige Begegnung hatte er mit der schönen österreichischen Tänzerin Mayer, Marina Medina genannt, die seine Frau wurde. In Venedig führte Vigano

Salvatore Vigano

Maria Medina Vigano.

Die Viganos. Zeichnungen von Schadow

Raoul (1791) und dann *La Fille mal gardée* (1792) von Dauberval auf, in Wien 1793 *Richard Löwenherz,* nach Sedaine und Grétry.

Als Vigano und seine Frau in Wien tanzten, hatten sie nicht nur Parteigänger, sondern erregten einen wahrhaften Fanatismus. „In dem sogenannten Pas der zwei Rosen hatte Maria Medina über ihrem fleischfarbenen Dreß nur zwei oder drei Kreppröcke, einer kürzer als der andere, die an der Taille durch einen dunklen Gürtel gehalten wurden. Dieser Gürtel war ihr einziges Kleidungsstück, denn der Krepp war durchsichtig. Beim Tanz hoben sich die flatternden Röcke und ließen das Publikum den Körper der Tänzerin sehen, der von einem fleischfarbenen Trikot bedeckt war, das die Haut nachahmte und sie somit nackt erscheinen

Maria Medina Vigano →

ließ." Und Caroline Pichler schließt in ihrem Buch *„Ereignisse meines Lebens"*: „Die Sensation, welche diese Frau und die von ihrem Manne für sie geschaffenen Ballette machten, war ungeheuer. Sie bedeuteten den Höhepunkt der alten Kunst und des neuen Geschmacks."

Das Paar Vigano reiste durch Mitteleuropa, kehrte anschließend nach Wien zurück, wo es bis 1803 blieb. Seitdem verschwand Maria Medina aus Viganos Leben.

Am 28. März 1801 fand im Hoftheater die Premiere von

Die Vestalin. Ballett von Salvatore Vigano

Die Geschöpfe des Prometheus nach einer Musik von Beethoven statt. Tänzer waren Maria Cosentini und Vigano. Der Mime Cesari hatte die Rolle des Prometheus inne. Das Ballett errang jedoch nur einen Achtungserfolg. 1813 führte Vigano in Mailand *Prometheus* mit Musik der *Schöpfung* (Haydn) und Musik von Beethoven auf. In der Scala wurden weiterhin *Coriolan, Sammete und Tamiri* und *Die Strelitz* aufgeführt, die von der durch Peter den Großen im Blut erstickten Militärevolte berichten. Die Ausführenden waren das Paar Giovanni und Teresa Coralli. Im Mai 1812 fand die Premiere des *Nußbaums von Benevento* statt, wo Zaubereien und Allegorien einander abwechselten. 1813 wurde das Ballett *Othello* durch ein Fest eingeleitet, dessen Kühnheit uns durch Stendhal überliefert wurde. Antonia Pallerini und der Mime Nicola Molinari, die beide extra von Vigano ausgebildet worden waren, wußten ihre Rolle besonders eindrucksvoll zu gestalten. Nach *La Mirra* kam der etwas verworrene *Dädalus* und *Die Vestalin,* zweifellos Viganos bewegendstes und herzergreifendstes Werk. Stendhal spricht hier vom „Shakespeare des Tanzes". *Die Titanen* waren Viganos letztes großes Werk. Als er an den Folgen einer Erkältung starb, hatte er eine *Dido* in Arbeit. Milan bereitete ihm prunkvolle Begräbnisfeierlichkeiten. Mit ihm ging auch sein Stil dahin. Aber worin bestand eigentlich Viganos Kunst? Er war scharfsichtig genug gewesen, um zu erkennen, daß man die Choreographie à la française und die italienische Pantomime nicht miteinander verbinden konnte. Ein Ballett ist keine Tragödie. Wieder einmal mußte man das Ballett auf den ihm bestimmten Weg zurückführen. Gewiß sollte auf die Pantomime nicht verzichtet werden, sie mußte jedoch dem Tanz und vor allem dem musikalischen Ausdruck untergeordnet werden.

Vigano zog den individuellen Tänzen die Bewegungen tanzender Massen vor, die durch Soli oder einen *Pas de deux* unterbrochen wurden. Das Ballettkorps erhielt endlich seine volle Bedeutung. Noverre wäre zufrieden gewesen.

„Der kalte und langsame Vigano, schrieb Stendhal, wandte die notwendige Zeit an, bis der letzte der Figuranten, der seine Rolle nicht beherrschte, sie mit vollkommener Freiheit spielte." Die Journalisten fragten sich jedoch, warum bei Vigano so wenig getanzt wurde. „Warum gibt es in seiner Truppe nicht einige gute Tänzer und klassische Tänzerinnen?"

Der Zauberring, Samingo und die Brugnoli

IX Das romantische Ballett

1760 hatte Noverre festgestellt: „Leider ist die Pirouette nicht Vestris' Gut geblieben, sondern das gewöhnliche Tempo von dreißig Tänzern geworden ... Der Tanz der Oper scheint unwissentlich das System des Descartes übernommen zu haben und verliert sich in Wirbeln.“ Der große Choreograph wünschte, daß das Ballett wieder zu den Grazien zurückfände, „die wegen der Schwierigkeiten der unbequemen Wirbel verschwunden waren“.

Von 1799 bis 1815 war die Pariser Oper das Reich von Pierre Gardel gewesen, dem Milon assistierte, beide waren gegen jegliche Neuerung feindlich eingestellt. Während in Paris *Persée et Andromède* (Perseus und Andromeda) auf das jetzt veraltete Genre von *La Fête de Mars* und *L'Enlèvement des Sabines* (Raub der Sabinerinnen) folgte, zogen französische Choreographen und Tänzer durch die Welt und nahmen fremde Einflüsse an. Werthers Pistolenschuß, Byrons Verwünschung, die Harfe des Barden Ossian führten die nebelhafte Romantik herbei.

Nach Meinung seiner Zeitgenossen waren die Werke von Henry – mit richtigem Namen Henry Bonnachon – wahrhafte Gedichte, die eine große Vorstellungskraft geschaffen hatten. Der *Maskenball* wurde in der Mailänder Scala eine ganze Spielzeit lang aufgeführt, das *Château des esprits* (Das Geisterschloß) und *Hamlet* festigten seinen Ruf. Nach diesen Erfolgen ließ sich Henry endgültig in Italien nieder, während François-Albert Decombe, Albert genannt, im Pariser Theater la Gaîté debütierte. Coulon machte ihn mit der rein romantischen Technik bekannt, und 1813 trat er in die Oper ein, wo er erster Tänzer und dann Choreograph

HENRY

ALBERT

wurde. Anschließend bereiste er London, Wien und kehrte nach Paris zurück, wo er 1818 *Le Séducteur au village* (Den Verführer auf dem Lande) und 1823 *Cendrillon* (Aschenbrödel) aufführte. In London gab er *Daphnis et Céphyse;* das geschah jedoch im Jahre 1830, ein Jahr vor dem Aufkommen des romantischen Ballettes. Auch Aumer trat im *Déserteur* von Dauberval zum erstenmal an der Oper auf; im Theater Porte-Saint-Martin gibt er *Jenny ou le Mariage secret* (Jenny oder die heimliche Heirat), *Les deux Créoles* und in Lyon *Antoine et Cléopâtre.* 1829 bringt die Oper *La Somnambule ou l'Arrivée d'un nouveau seigneur* (Die Schlafwandlerin oder die Ankunft eines neuen Herrn) auf den Spielplan. Der in Berlin geborene Blache entstammte einer französischen Tänzerfamilie. Er trat in die Oper ein, die er aber verließ, um Daubervals Nachfolge im Grand Théâtre von Bordeaux anzutreten. Inzwischen hatte er für seinen *Mars et Vénus ou les Filets du Vulcain* (Mars und Venus oder die Netze des Vulkanus) 1806 vom König von Preußen die Goldmedaille erhalten; dieses Ballett war über zweihundertmal aufgeführt worden.

AUMER

Während die aus Deutschland gekommene romantische Richtung um sich griff, arbeiteten Jean-François Coulon und sein Sohn Anton die dazugehörige Technik aus. Auf die Pirouetten und Sprünge von Vestris folgten Stille und Reinheit.

COULON

Am 21. November wurde das Pariser Publikum, das noch an Vestris und die Musen gewöhnt war, plötzlich durch den dritten Akt von *Robert der Teufel* überrascht. Gautier hatte gesagt: „Schluß mit den Dryaden, wir wollen Hexen.“ Die Zuschauer waren ganz verblüfft über den Tanz der verdammten Nonnen, die unter düsterem Mondschein mit Maria Taglioni aus den Gräbern des Kreuzganges hervorkamen. Coralli hatte diese makabre Choreographie nach einer Musik von Meyerbeer geschrieben. Angeblich hatte Ciceri den Kreuzgang von Saint Trophime, der als Modell dienen sollte, an Ort und Stelle aufgezeichnet, und mit gelben Schleiern verhüllte Gaslampen erzeugten den grausigsten aller Mondscheine.

Maximilien Gardel

Auf das herausfordernde Geräusch der weiblichen Absätze des 18. Jahrhunderts folgte der feine, stumme Atlasschuh des Direktoriums und seine direkte Auswirkung, der Spitzentanz. Als die Taglioni einige Jahre vorher die Brugnoli auf Spitzen tanzen sah, war sie erstaunt. Aber, sagte sie, die

Arme hatten nicht die rechte Haltung. Doch war es gerade die Taglioni, die dem Spitzentanz ein Jahr später, am 12. März 1832, in dem von ihrem Vater einstudierten Ballett *Sylphide* endgültig zum Sieg verhalf. Diese zauberhafte und geheimnisvolle Ballett-Pantomime beschwor die Nebel Schottlands, in denen sich als heller Punkt das weiße Gazeröckchen einer luftigen unhörbaren Sylphide bewegte, die unfehlbar auf Spitzen tanzte.
Das dritte und letzte große Ereignis des romantischen Balletts, das nur zehn Jahre lebte, war *Giselle,* mit einem Libretto von Theophile Gautier. *Giselle oder die Wilis* war ein Abriß des gesamten romantischen Balletts. Hier war alles vereint: Die luftige Spitze, die Blumenkrone eines Gazeröckchens, im ersten Akt der Nebel deutscher Balladen, im zweiten der Realismus des Jenseits, das gesamte Drama wurde durch eine vollkommene technische Ausführung versinnbildlicht . . . und die Frau war absolute Herrscherin des romantischen Balletts.
Diese zehn Jahre des weißen Balletts teilten sich drei Tänzerinnen: Marie Taglioni, Carlotta Grisi und Fanny Elßler. Carlo Taglioni, ein Tänzer, wurde gegen Ende des 17. Jahrhunderts in Turin geboren, er heiratete eine Petracchi aus Pisa, die ihm fünf Kinder schenkte. Eines von ihnen, Filippo, erster Tänzer Italiens, wurde Mitglied der Pariser Oper und danach erster Tänzer des Königlichen Theaters in Stockholm. Er verliebte sich in Anna-Sophie, die Tochter des Schauspielers Karsten, machte sie zu seiner Frau und hatte zwei Kinder, deren eines Marie Taglioni war. In Warschau leitete ihr Vater mehrere Aufführungen und reorganisierte das Ballettkorps; unterdessen zwang er seiner Tochter eine eiserne Disziplin auf und ließ sie 1822 im Wiener Hoftheater in einem seiner Ballette debütieren: *Empfang einer jungen Nymphe am Hofe Terpsichores.* Publikum und Kritiker waren sofort gewonnen, während das Pariser Theater der Porte-Saint-Martin nur sehr lau reagierte. 1817 wird sie von der Oper entdeckt. Die Oper entdeckt hier nicht nur eine vollkommene Technik – ihr Vater pflegte zu sagen: „Wenn ich meine Tochter je tanzen hörte, dann brächte ich sie um" –, sondern eine Anmut und ein Temperament, die ihre Kunststücke in „Scham und Unschuld" verwandeln. Sie war vom Vater ausgebildet worden, doch vergessen wir nicht, Coulon, der Schöpfer des romantischen Stiles, war ebenfalls ihr Lehrer.

Jean-Pierre Aumer.

MARIE TAGLIONI

Emilie Bigottini

1832 schuf sie also die *Sylphide* und blieb nun für das Publikum ganz Europas immer „die" Sylphide. Sie beeinflußte sogar die Mode: Es gab einen „Sylphide-Turban", die Frauen trugen Frisuren „à la sylphide", und Victor Hugo widmete ihr Verse.

CARLOTTA GRISI

Carlotta Grisi, die Tochter eines Katasterbeamten, lernte zuerst in der Scala und dann bei Carlo Blasis. Der Tänzer Perrot sah sie im San-Carlo-Theater von Neapel, verliebte sich in ihre violetten Augen und schwor, aus ihr einen Star zu machen. Diese Absicht gelang ihm, denn nach Mailand, London, München und Neapel hatte sie auch in Paris Erfolg. Théophile Gautier, der sie liebte und verehrte, schrieb für sie das Textbuch von *Giselle,* mit einer Partitur von Adolphe Adam und einem Bühnenbild von Ciceri. 1841 tanzte Grisi die *Giselle* an der Seite von Lucien Petipa. Ein Erfolg ohnegleichen. Nach *Giselle* tanzte Grisi *La Jolie Fille de Gand,* 1843 *Die Péri, Esmeralda, Le Diable à quatre, Paquita,* und 1850 tanzte sie von neuem *Giselle* in Sankt Petersburg.

FANNY ELSSLER

Das Ballett des 19. Jahrhunderts hat – an der Grenze der Romantik – den Triumph von Fanny Elßler gesehen. Sie wurde etwas zu Unrecht als romantische Tänzerin angesehen und debütierte 1834 in *La Tempête* (Der Sturm), dann tanzte sie die Cachucha des *Diable boiteux,* eine Verkörperung des heißen, sinnlichen Spaniens. Der Elßler mißlang jedoch die Gestaltung der *Sylphide.* Der allgemeinen Meinung nach war Mademoiselle Fanny die Tänzerin der Männer, wie Mademoiselle Taglioni die Tänzerin der Frauen war. „Ich liebe Fanny so sehr, daß ich für sie lügen könnte", sollte Barbey d'Aurevilly später sagen.

Marie Taglioni

Kritiken und Zeugen aus jener Zeit vergleichen ständig „La danse taquetée" der Elßler mit „La danse ballonnée" der Marie Taglioni. In der Tat handelte es sich nicht mehr um einen Streit zwischen zwei Tänzerinnen, sondern um einen Kampf zweier gegensätzlicher Stile. Taglioni bleibt die „Sylphide", und über Elßler schrieb man: „Dieses schöne Mädchen, dessen Pas soviel Lärm machen."

Die Erfolge der Lucile Grahn konnten der Taglioni nicht gefährlich werden. Sie wurde 1821 in Kopenhagen geboren und folgte gehorsam der romantischen Richtung ihrer Zeit. Nachdem sie im Ballettkorps ihrer Heimatstadt ausgebildet worden war, verließ sie das Theater nach einem Krach mit Bournonville, tanzte die *Sylphide* in Paris und Sankt Peters-

Pas de Giselle.
Stich der Romantik

Carlotta Grisi. Lithographie.

Lucile Grahn in Esmeralda

burg und gestaltete noch weitere Werke von Perrot, denn außer einer guten Technik besaß sie einen poetischen Ausdruck.

Nun aber trat Cerrito auf den Plan. Die junge Napolitanerin hatte mit vierzehn Jahren bei Salvatore Taglioni im *Horoskop* debütiert. Sie tanzt mit Schwung, hat eine sichere Technik und sieht sehr gut aus. Sie ist auch jung . . . und die Taglioni wird welk. 1841 ist die Direktion der Scala voll freudiger Erwartung; an diesem Abend findet der Wettstreit Taglioni – Cerrito statt, beide werden die *Sylphide* tanzen! Cerrito ist vierundzwanzig Jahre alt und Taglioni siebenunddreißig. Die Mailänder urteilten, daß Taglioni jetzt „wie ein Lehrer" tanze und Cerrito „wie eine Göttin". In der Stadt verprügelten die Taglionisten die Cerritisten, und die Cerritisten schlugen die Taglionisten nieder.

1845 heiratete Cerrito in Paris Saint-Léon einen hochbegabten Tänzer, Choreographen und Violinisten. Nachdem sie ein Engagement an der Oper bekommen hatte, tanzte Cerrito mit ihrem Mann die Ballette, die letzterer komponierte. Sie wurde die „prima ballerina absoluta", deren Technik von Gautier gelobt wurde. Aber Cerrito lieben, hieß bereits dem romantischen Ballett untreu werden.

Als die Taglioni sich bereits anschickte, die Bühne zu verlassen, setzte sich Lumley, der Direktor von Her Majesty's Theatre, in den Kopf, die vier Tänzerinnen des Jahrhunderts in einem *Pas de quatre* auftreten zu lassen. Wie konnte das jedoch ohne Kränkungen geschehen? Nach vielen Zwischenfällen und Listen, welche die Empfindlichkeit dieser Damen schonen sollten, sah man endlich am 26. Juni 1845 die noch immer vollkommene Taglioni umgeben von der jungen und leichten Cerrito, der kraftvollen und romantischen Grahn und Grisi, die eben Grisi blieb. Dieser *Pas de quatre* ist heute das Glanzstück des englischen Choreographen Anton Dolin, der ihn nach den alten in London aufgefundenen Partitionen ausführen läßt.

Dieser unvergeßliche *Pas de quatre* war von Jules Perrot einstudiert worden. Er war der einzige Mann des romantischen Balletts, sein Auftreten war von dichterischer Wirkung. Er stammte aus einer Schauspielerfamilie, wurde bei Vestris dem Jüngeren ausgebildet, und seine Leichtigkeit und Ungezwungenheit ermöglichten ihm, in Balletten aufzutreten, deren Herrscherin die Frau war. „Perrot ist nicht schön, er ist sogar furchtbar häßlich. Bis zum Gürtel hat er den Körper eines Tenors, das besagt genug, aber von da ab ist er charmant ...“ Das Publikum entsann sich des „luftigen Perrot“, an „Perrot den Sylphen“, an „die männliche Taglioni“.

JULES PERROT

In London, Wien, Mailand führte Perrot 1842 *Alma ou la Fille de feu* und 1848 *Ondine ou la Naïade, Esmeralda, Eoline ou la Dryade, Le Pas de quartre* und *Faust* auf. In Italien war Perrot beliebt, und die Kritik beurteilte ihn günstig. Nachdem er 1848 ein Engagement in Sankt Petersburg angenommen hatte, arbeitete er dort abwechselnd mit Arthur Saint-Léon.

„Die Taglioni sind die Quecken der Oper!“

Sie waren vier an der Zahl. Das ist viel für ein Publikum, das einer Kabale nach der anderen beiwohnte.

Nach dem ungeheuren Erfolg der *Sylphide* von 1832 ließ der Vater *La Révolte dans le sérail* (Die Revolte im Serail), *Bresilia ou la Tribu des femmes* (Bresilia oder der Stamm der Frauen), *La Fille du Danube* (Das Mädchen von der Donau) aufführen; in Rußland setzte Fanny Elßler den spanischen Stil mit *La Gitane)* (Die Zigeunerin) durch. London erlebte 1846 *L'Ombre* (Der Schatten) und *Aglaé ou l'Elève de l'amour* (Aglaé, Zögling der Liebe), aber trotz aller seiner Mühen brachte er es nicht zu einer zweiten „Sylphide“.

1852 verließ Filippo Taglioni das Theater und starb erblindet als fast Hundertjähriger in seiner Villa am Ufer des Lago di Como.

PAOLO TAGLIONI

Paolo, Maries Bruder, Paul der Große genannt, debütierte am 4. November 1825 in Stuttgart in *Zémir et Azor*. Nach Wien, München und Paris kam er nach Berlin, wo er die Tänzerin Amalia Galster heiratete. Von ihren drei Kindern wurde nur die zwei Jahre vor *La Sylphide* geborene Maria Tänzerin. Zu Paolo Taglionis wichtigsten Werken gehören: *Théa ou la Fée des fleurs* (Thea oder die Blumenfee), *Electre ou la Pléiade perdue* (Elektra oder die verlorene Plejade) mit Carlotta Grisi, *Flik und Flok,* ein von Amina Boschetti getanztes phantastisches Ballett. Für seine Werke ist ein monumentaler Stil charakteristisch, so zum Beispiel in der letzten Szene von *Der Brand von Ninive,* wo der Scheiterhaufen Sardanapals angezündet wird und die Inszenierung dreihundert Figuranten erfordert. Paolo Taglioni sah das

Maria Taglioni als Sylphide
←

SALVATORE TAGLIONI

Ballett bereits auf der Stufe der Schauspiele des künftigen Eden-Theaters. Am 6. Januar 1888 starb er in Berlin im Verlauf einer Theaterprobe. Ein anderes Mitglied der Sippe Taglioni, Salvatore, Onkel der Marie, lernte bei Coulon tanzen, trat in den Balletten Gardels hervor, heiratete die Tänzerin Adélaïde Perraud und tanzte mit ihr und seiner Nichte im San-Carlo-Theater von Neapel den *Pas de trois.* Sein *Barbier von Sevilla* gefiel Murat, dem damaligen König von Neapel, so sehr, daß er eine Tanzschule eröffnen ließ, wo Salvatore Fortbildungslehrgänge gab. Nach der Aufführung von *Iñes de Castro* ernannte ihn der König auf Lebenszeit zum Choreographen des San-Carlo-Theaters. 1838 inszenierte er Goethes *Faust* und komponierte insgesamt über zweihundertundfünfzig Ballette nach allen möglichen Quellen: *Die Zauberflöte, Die Eroberung von Malacca, Romanow, Christine von Schweden, Die Verlobten* nach dem berühmten Roman von Alessandro Manzoni.

CORALLI

In der Geschichtsschreibung des romantischen Balletts muß man dem 1779 geborenen Pariser Jean Coralli Peracini den ihm gebührenden Platz zuweisen. Nach Saint-Léon hatte Coralli einen „ganz französischen" Stil voller poetischer Raffinements. Ihm ist – wenigstens zum Teil – *Giselle* zuzuschreiben, aber auch *La Folie de la danse, Armide, L'Amour et l'Hymen au village, l'Union de Flore et de Zéphyr.* Sein Haupterfolg war *La Statue de Vénus,* ein der Tänzerin Heberlé gewidmetes Ballett, das in der Scala aufgeführt wurde, auch wurden zahlreiche seiner Werke im Pariser Theater der Porte-Saint-Martin gegeben. Als er endlich unter der Direktion des Doktors Véron ein Engagement an der Oper bekam, führte er *Le Diable boiteux, La Tarentule* und *La Peri* auf. Der Name des Komponisten Adam hat hingegen keine Bedeutung. Wenn man die Partitur von *Giselle* hört, ohne die Choreographie zu sehen, langweilt man sich. Auch der Noten von *La Sylphide* wird man sich kaum entsinnen. Während Vigano bedeutende Musiker berief, vernachlässigte das romantische Ballett dieses Detail; alles, was man von Adam verlangte, war eine Begleitung der Choreographie und die Erschaffung einer Atmosphäre; originelle Musik wurde von ihm nicht erwartet. Erst die Russen werden die Wirkung des Balletts durch die Musik steigern. Nach einem fünfundzwanzigjährigen Siegeszug trat die Taglioni 1847 in London endgültig von der Bühne ab, aber

Carlotta Grisi und Jules Perrot

Fanny Elßler in der Rolle der Esmeralda im Theater von St. Petersburg

La fille du Danube (Die Tochter der Donau). Bühnenbild

seit *Giselle* gab es praktisch keine Neuschöpfungen mehr. Das romantische Ballett war gestorben, weil es aus einer neuen Technik die äußersten Konsequenzen gezogen hatte. Der *Spitzentanz* sollte jetzt eine neue Zukunft haben. Als Carlotta Grisi 1848 zum Abschied *Griselides* und *La Filleule des fées* tanzte, war das Publikum enttäuscht und die Kritik ungerecht.
Am 27. April 1884 starb die Taglioni, der berühmte Star der Pariser Oper, in Marseille in der Vergessenheit. Emma

Livry, ihre Schülerin, aus der sie eine zweite Taglioni und die Erbin der Romantik machen wollte, war bei einer Probe für *Die Stumme von Portici* verbrannt.

Pas de quatre von Jules Perrot: Carlotta Grisi, Marie Taglioni, Fanny Cerrito und Lucile Grahn ←

Außerhalb der französischen Grenzen bestand das romantische Ballett nur in Form eines Plagiats oder als Nachahmung.

Das Wiener Hoftheater führte *Les Pages du duc de Vendôme* (Die Pagen des Herzogs von Vendôme), *Paul und Viginia,* den *Deserteur, La Sylphide* auf. Einen Monat nachdem die Amerikanerin Mary Ann Lee die *Giselle* getanzt hatte, übernahm Caroline Fuchs die Rolle in New York. Mary Ann Lee hatte von Fanny Elßler die Cachucha, den Krakowiak und den Bolero gelernt. Ihre Pariser Tournee hatte ihr ermöglicht, mit Coralli eine Technik auszuarbeiten, die sie nach ihrer Rückkehr in die Vereinigten Staaten vollendete, indem sie mit ihrem Partner Smith *La Fille du Danube, La Jolie Fille de Gand* und *Giselle* tanzte. Der Amerikaner Smith, den der Stil von Fanny Elßler ebenfalls beeindruckt hatte, war bei Silvani in den USA in die Lehre gegangen und eröffnete nach mehreren Tourneen in Philadelphia eine Tanzschule.

MARY ANN LEE

Nach Paris kamen jetzt die Spanier. 1807 war in Madrid eine Schule für klassischen Tanz eröffnet worden. Der Bolero war auf dem Gipfel seines Ruhmes. Nachdem die Lehrer die Tanzschulen von Mailand und Paris besichtigt hatten, kamen sie begeistert zurück und beschlossen, das volkstümliche Ballett in den klassischen Tanz einzufügen. Berühmte spanische Tänzerinnen kamen nach Frankreich, darunter Pepita de Oliva, Camprubi und Lola de Valence, deren Porträt Manet malte und der Baudelaire einen unsterblichen Vierzeiler widmete.

Jean Coralli

Endlich war die Zeit vorbei, wo der Marquis d'Aranda nach seiner und der Inquisitoren Laune die Erlaubnis, den Fandango zu tanzen, gewährte oder verweigerte; der Fandango, „der von Anfang bis Ende ein Ausdruck der Liebe ist", und der Giacomo Casanova so stark beeindruckte.

Die größte Begeisterung sollte das romantische Ballett in Rußland erregen. Die durch die russische Seele bereicherte französische Choreographie inspirierte Marius Petipa.

Hauptstütze des romantischen Balletts waren eigentlich nur die grazilen und schön gerundeten Schultern einer jungen Frau, die als erste den unhörbaren Tanzschuh ihres Meisters

Coulon trug und von der schamhaften Restauration mit weißer Gaze bekleidet wurde.
Was blieb noch nach dem Tode der Taglioni? Eine klassisch gewordene Virtuosität, ein Tanz ohne Männer und eine neue Generation zu kraftvoller italienischer Tänzerinnen, die bald bei den Moskowitern in die Lehre gehen sollten.

Joko, der brasilianische Affe. Marie Taglioni

Giselle.
Carlotta Grisi
und Lucien Petipa

Nathalie Fitz-James

Pas de quatre
von Jules Perrot.
Verbeugung
der Marie Taglioni

Carlo Blasis

X Blasis und Saint-Léon

Nach dem Verschwinden des romantischen Balletts nahm Italien, dem dieser Stil wenig zugesagt hatte, seinen alten Rang wieder ein, und der Wettstreit Frankreich – Italien begann von neuem.
Ein übrigens sehr freundschaftlicher Wettstreit: Carlo Blasis bildete auf der einen Seite der Grenze die Stars heran, während Saint-Léon sie auf der anderen Seite in seinen Choreographien so gut wie möglich einsetzte.
Die Tanzmeister der Scala hatten sich bisher damit begnügt, gewissenhaft mittelmäßige Schüler auszubilden, und die Hauptarbeit den Franzosen überlassen. Als 1837 die Leitung der Tanzschule der Scala Carlo Blasis und seiner Frau übertragen wurde, sollte sich das ändern.
Der 1797 in Neapel geborene Blasis lernte unter Leitung des Franzosen Dutarque, der sich oft in Rußland aufhielt, und anschließend bei Pierre Gardel, der ihn an der Pariser Oper debütieren ließ. Wenn er auch zuerst Tänzer war, so schlug er doch anschließend eine abwechslungsreiche Laufbahn ein: Ballettmeister, Choreograph, Komponist und endlich Historiker. 1820 gab Blasis in Mailand sein erstes Lehrbuch über den klassischen Tanz heraus, dem später *The Cod of Terpsichore* (London 1825) folgte, der noch heute die Grundlage der akademischen Schule bildet. Eine Lehrstunde bei „il cavaliere“ Blasis wurde so aufgeteilt: Arabesken, *Parcours* und Übung der *Spitze*, *Temps terre à terre* und *Temps de rigueur*, *Enchaînements* und große *Ronds de Jambe*, Übungen an der Stange und freistehend *Pliés* in allen Stellungen, große und kleine *Battements sur le cou-de-pied*, *Aplomb*, große *Fouettés* auf der Stelle und

BLASIS

beim Drehen. In großen Zügen sind das bereits die Übungen unserer heutigen Tanzstunden. Blasis forderte auch, daß täglich geübt wurde, aber im Gegensatz zu anderen war er gegen die „Zwangsarbeit", lehnte die Akrobatik ab, die „man den Scharlatanen überlassen soll", rühmte hingegen die *Elévation,* den *Ballon* und wurde nicht müde, seinen Schülern zu wiederholen: „Die höchste Kunst ist, die Kunst zu verbergen."
Damals war der *Spitzentanz* große Mode. Blasis gab ihm in seinen Unterrichtsstunden den ersten Platz, fünfzehn Jahre bevor die Taglioni ihn in *La Sylphide* künstlerisch rechtfertigte. Wie den eigentlichen Tanz pflegte Blasis auch die Mimik; aber ohne den Geist, den er seinen Schülern einflößte, würde sich seine Lehre auf diese wilde Gymnastik beschränken, die später für die italienische Schule charakte-

Sofia Fuoco

ristisch sein wird. 1840 griff der Ruf der Schule immer weiter um sich, und 1847 beriefen sich die Stars von vierundvierzig europäischen Theatern auf Blasis: Fanny Cerrito, Amalia Ferraris, Giovanni Casati, Sofia Fuoco, Hippolyte Monplaisir, der große Choreograph von Bordeaux, Claudina Cucchi, Pasquale Borri, Vittorio Rota, die Amerikanerin Maywood, die Russin Andreianowa, Amina Boschetti, Carolina Rosati.
1851 wurde Blasis nach einer geschickt geführten Intrige der Zutritt zu seiner Schule verboten. Obwohl er nicht mehr zur Scala gehörte, setzte er seinen Unterricht trotzdem in einer Privatschule fort. Von dort aus begab er sich nach London, wurde in Paris verlangt und dann in Moskau und Sankt Petersburg, wo er unterrichtet, schreibt und sein Lehrbuch von neuem herausgibt. Als Blasis wieder nach Italien heim-

Olimpia Priora

kehrte, um dort seine Tage nach der Tradition der Tänzer jener Zeit am Ufer des Lago di Como zu beschließen, folgte ihm sein Schüler Giovanni Lepri nach.
Nach Paris kamen nun zahlreiche bemerkenswerte Schüler des Ballettmeisters Blasis.
Vert-Vert bedeutet 1851 das erste Auftreten der aus Venedig gekommenen Olimpia Priora. Sie war fünfzehn Jahre alt, und Théophile Gautier erklärt, ihr Tanz sei „kraftvoll, genau und korrekt. Ihre *Pointes* sind sehr stark, ihr Gleichgewicht solide, wir verdanken ihr eine der schönsten Soireen seit Grisi und Taglioni".
1853: *Jovita ou les Boucaniers* (Jovita oder die Bukaniers). Damit tritt Carolina Rosati zum erstenmal in der Oper auf. Sie war Schülerin von Blasis, hatte in Verona getanzt, in London Lorbeeren geerntet und trat nun in Paris in gran-

Elena Andreianowa

Carolina Rosati

diosen Balletten mit prunkvoller Inszenierung und zahlreichen Figuranten auf, die den ganzen Abend lang dauerten. Die reihenweise von Tüchern hergestellten Bühnenbilder stammten von Cambon, Thierry, Deplechin. Man zog hierfür noch keine Kunstmaler heran. Die Rosati trat ebenfalls in Sankt Petersburg auf, wo sie begeistert empfangen wurde.

BOGDANOWA

1854 kommt Nadejda Bogdanowa aus Rußland. Sie ist stolz auf ihren vollkommenen Körper, ihre herrlichen Beine und den Beistand von Saint-Léon. Mit Cerrito und Lucien Petipa tanzt sie in *Gemma*. Die Chroniken jener Zeit beurteilen sie als fröhlich, raffiniert, intelligent. Sie steht der nebelhaften Romantik fern und neigt mehr zum Allegro und Adagio. Durch den Krimkrieg wird sie gezwungen, nach Rußland zurückzukehren, danach kommt sie wieder nach

Amalia Ferraris

Paris und geht dann endgültig in die Heimat zurück, wo sie 1896 stirbt.

1856 engagierte die Pariser Oper die Italienerin Amalia Ferraris, eine Schülerin von Blasis. In *Les Elfes* staunten die Pariser über ein Solo, das sie nur mit Harfenbegleitung

Coppélia. Bühnenbild für die Oper von Paris

tanzte und dessen zahlreiche Schwierigkeiten ihr anscheinend keine Mühe bereiteten. Ihr kraftvoller, schneller Spitzentanz, den sie geschmeidig und mit außergewöhnlicher Eleganz ausführte, war atemberaubend.

Da die Pariser Oper den Wettstreit der romantischen Jahre weiterführen wollte, ließ sie Ferraris und Rosati zusammen in *Marco Spada ou la fille du bandit* (Marco Spada oder die Tochter des Banditen) auftreten. Weder Kritik noch Publikum konnten eine Entscheidung treffen, denn aus Italien kamen damals so zahlreiche Stars, daß es schwierig – wenn nicht gar unmöglich – war, einen ersten Preis zu verleihen. FERRARIS

Nach den italienischen Startänzerinnen kamen italienische Choreographen nach Paris. Pasquale Borri, der 1861 *L'Etoile de Messine* (Der Stern von Messina) einstudierte, machte daraus ein aufsehenerregendes Ballett, in dem Massentänze mit *Pas de deux* abwechselten, er hatte jedoch seinen Mitarbeiter Gabrielli schlecht gewählt. Der Musiker hatte in den Partituren seiner Kollegen zu viele Anleihen gemacht. Für *La Maschera ou les Nuits de Venise* hatte Paris Vittorio Rota beauftragt. *La Maschera* hatte Erfolg, das Publikum bemerkte jedoch vor allem die Ballerina. Die von Blasis ausgebildete Amina Boschetti inspirierte Baudelaire zu einem Sonett, das so beginnt:

> „Amina bondit, fuit, puis voltige er sourit;
> Du bout de son pied fin et de son œil qui rit,
> Amina verse à flots le délire et l'esprit."

Nachdem sie eine herrliche *Giselle* dargestellt hatte, erhielt Muravieva, eine russische Tänzerin, ein Engagement an der Oper, um dort 1864 *Diavolina* und *Fiametta* nach einer Choreographie von Saint-Léon zu tanzen. Das Publikum verhielt sich jedoch zurückhaltend, wurde aber in *La Source* (Die Quelle), dem Meisterwerk von Saint-Léon, wo der italienische Star Guglielmina Salvioni tanzte, durch die Musik von Léo Delibes bezaubert. Bis zum 25. Mai 1870 fand an der Pariser Oper keine neue Erstaufführung statt. An diesem Tage tanzte Giuseppina Bozzacchi die *Coppélia*. BOZZACCHI Dieses nach einer Musik von Léo Delibes geschaffene pantomimische Ballett stellte „Das Mädchen mit den Glasaugen" aus *Hoffmanns Erzählungen* dar, wo der Automat Coppélia für eine Nacht von einem jungen Mann geliebt wird. Die Choreographie von Saint-Léon war so vollendet gestaltet,

daß die Theater vieler Länder das Ballett auf den Spielplan setzten.
Dieser hoffnungsvolle Erfolg wurde vom Krieg und der Belagerung von Paris zunichte gemacht. Die Darstellerin der *Coppélia* konnte die schrecklichen Entbehrungen nicht ertragen und starb an Herzschwäche.

SAINT-LÉON

Saint-Léon, dessen Name die zweite Hälfte des 19. Jahrhunderts beherrscht, war der einzige französische Choreograph, der die durch Blasis ausgebildeten Tänzerinnen benützen konnte. Der 1821 in Paris geborene Arthur Saint-Léon war zuerst Tänzer, erlernte das Geigenspiel und wandte sich dann der Choreographie zu. Obwohl er das Ballett nicht wesentlich neu gestaltete, arbeitete er doch eine neue Tanzschrift aus, die 1852 unter dem Namen *Stenochoreographie* veröffentlicht wurde. 1845 heiratet er Cerrito,

Arthur de Saint-Léon

Der See der Feen. Fanny Cerrito →

die in den meisten seiner Ballette die Hauptrolle tanzt. Ihre Ehe ist jedoch nicht von Dauer.
Selbstverständlich kam Saint-Léon auch nach Sankt Petersburg, wo alle großen Meister des französischen Balletts einander ablösten. Er war dorthin berufen worden, um die Nachfolge von Didelot und Jules Perrot anzutreten, und begegnete Marius Petipa.
Saint-Léon war der letzte hochbegabte Choreograph, den Frankreich den Italienern gegenüberstellen konnte. Bald sollten die italienischen Stars Paris erobern und im Eden-Theater große Erfolge erringen.

Eden Theater

XI Von Manzotti bis Djaghilew

Die beiden Mittelpunkte des Balletts waren bisher Paris und Mailand gewesen. Während das Ballett in Italien in Reichtum und Überladenheit erstickt, verschwindet es in Frankreich nur einfach vom Spielplan.

Von 1850 bis 1881 werden einige große italienische Meister versuchen, dem Ballett neuen Antrieb zu geben. Giovanni Casati hat ein reiches Talent. Als Choreograph der Scala von Mailand kreiert er *Isolde de Normandie, Manon, Sardanapal, Der Polarstern, Les Filles de guerre* (Kriegskinder), den *Sommernachtstraum* usw. 1866 wird ihm die Leitung der Tanzschule der Scala übertragen; da man bei Casati jedoch nicht viel lernt, zieht man ihm Giovanni Lepri vor, der in Florenz lehrt. CASATI

Der romantische und verzweifelte Giuseppe Rota ist der Autor eigenartiger Werke. „Mit Hinsicht auf das Publikum muß man heute von den letzten Hilfsmitteln der Kunst Gebrauch machen", sagt er bitter. Sein *Vampir* scheint bei Edgar Poe oder Ann Radcliffe Anleihen zu machen. *Die Tochter Satans* ist ebenso dämonisch wie grausam. Nach *Les Amours d'Armide et de Renaud* berichtet *Schwarz und Weiß* eine tragische Episode der rassischen Segregation in den Vereinigten Staaten, und der *Spieler* zeigt einen zwischen seiner Spielleidenschaft und der Liebe zu einer Frau geteilten Menschen. Mit dem *Graf von Monte Christo* und der *Gräfin von Egmont,* die in Wien aufgeführt wurden, errang Giuseppe Rota das Lob des erklärten Ballettfeindes: Richard Wagner. Dieses Lob hatte Rota wohl verdient, denn dieser Romantiker verstand es, in seine Ballette moderne Tänze einzufügen, und er fand für seine Gruppentänze ungewöhn- ROTA WAGNER

Excelsior. →
Ballett von Manzotti

liche Bewegungen. Den Launen der Stars trug er keine Rechnung: für ihn zählte vor allem die Kunst.

„Ein energischer und intelligenter Tänzer, der stets elegant, kraftvoll und lebendig ist", Pasquale Borri, der in jungen Jahren in Österreich sein Glück mit *Rübezahl* versucht hatte, wurde bald berühmt. Er heiratet die Tänzerin Carolina Pochini. Diese war mit dreizehn Jahren zum erstenmal in Mailand aufgetreten und hatte dann in Triest die *Esmeralda* von Perrot getanzt. In Wien hatte sie sich mit Fanny Elßler in *La Jongleuse* gemessen. Nach dem *Verlorenen Sohn,* den die Französin Victorine Legrain dargestellt hatte, kreiert Borri *Rodolphe* nach Eugène Sue und *Die Göttin der Walhalla,* eine komplizierte Handlung aus der Zeit der alten nordischen Götter.

MANZOTTI

Der junge Luigi Manzotti, der 1838 in Mailand in einer Familie bescheidener Handelsleute geboren wurde, träumt nur vom Theater. Bald verläßt er seine Eltern, um in eine Truppe einzutreten, deren Impresario ihn mit der Komposition von Balletten beauftragt: *Der Mohr der Antillen, Michelangelo* und *Rolla,* in denen eine große Anzahl von Künstlern auftritt. *Pietro Micca,* die Geschichte eines Soldaten aus Piemont, der, um Turin zu retten, sein Leben opfert, wird mit Soldaten und Kanonen in der Mailänder Arena aufgeführt.

Carolina Pochini

Nach *Sieba* führt er in der Scala *Excelsior* auf. Dieses für die „Belle Epoque" so typische Ballett wird in der ganzen Welt einen nachhaltigen Eindruck haben. Auf der Bühne bewegen über fünfhundert Künstler mit erstaunlichem Synchronismus Arme und Beine, um sowohl den Telegraphen, den Durchstich des Suezkanals und des Simplontunnels als auch die Dynamomaschine zu versinnbildlichen. Hier handelt es sich nicht mehr um ein Ballett, sondern eine choreographische Revue neuen Stils. In Paris will man für diese prunkvollen Ballette einen würdigen Rahmen schaffen. Man demoliert das Haus der Hortense Schneider, Rue Boudreau, um dort das Eden-Theater zu erbauen. Diese riesige, mit „neoindischen" Statuen besetzte Pagode hat einen russischen und chinesischen Wintergarten. Lange, durch zahllose Spiegel vervielfältigte Korridore akzentuieren noch den fremdartigen Eindruck dieses von der „Belle Epoque" geschaffenen Gebäudes. Tausendzweihundert Plätze und eine Bühne, die

Amor.
Ballett von Manzotti

Caterina Beretta

fast so groß wie die der Oper ist. Am 11. Januar 1881 wurde es von Manzotti mit seinem Ballett *Excelsior* eröffnet. Die vollkommen überraschten Pariser applaudieren aus Leibeskräften und betrachten das Schauspiel wie ein Wunder. Es ist in der Tat ein Wunder: Tänzer wie Saracco, Bonesi, Balbiani tanzen wirklich und tragen die Stars auf der erhobenen Hand. Endlich bekommt der Mann neben der „Startänzerin" wieder einen Platz. Manzotti hat das Spiel gewonnen: Sein Ballett bleibt ein Jahr lang auf dem Spielplan des Eden und bringt über zwei Millionen Goldfranken ein. Das Italienische Ballett ist jedoch auf die Dauer zu kostspielig; zehn Jahre später weiß man nicht mehr, was man mit dem Theater anfangen soll. Da niemand es kaufen will, wird es demoliert.

Nach *Excelsior* schreibt Manzotti eine Choreographie über den Sport: Die Besteigung des Mont Blanc. Auch das ist eine Revue. Manzottis Inspiration ist jedoch durch diese traumhaften Ballette erschöpft worden, und bis zu seinem Tode, 1905, bringt er nur noch mittelmäßige Werke zustande. Was ist nur aus dem italienischen Schöpfergenie geworden? Es wird langsam von diesen langweiligen Balletten erstickt, die in Wirklichkeit nur aus Beleuchtungseffekten und Leere bestehen. Arme und Beine werden von grandiosen Inszenierungen bewegt, sie drücken jedoch nichts mehr aus. Das blasierte und gelangweilte Publikum bleibt bald aus, und auch die Kritik will sich nicht mehr mit dem Ballett befassen. Die Heimat des Tanzes hat ihre Seele verloren.

LOUIS MÉRANTE

In Paris schläft das Ballett traumlos fest. Es wird von Opern erstickt, die in etwa dreißig Jahren nur elf Erstaufführungen bieten. Die Schule ist jedoch noch lebendig: Es gibt ausgezeichnete Tänzerinnen, wenn auch keine Tänzer. 1876 führt der Ballettmeister Louis Mérante *Sylvie, la nymphe de Diane* auf, wozu Léo Delibes die Musik schrieb. Mitwirkende sind die Primaballerina Rita Sangalli und der Mime Magri, später folgen *Le Fandango, Yedda, La Korrigane* und endlich *Les deux pigeons* (Die beiden Tauben) von Messager. Ergebnis: viel Technik und wenig Kunst. Diese Schöpfungen haben zwar einen gewissen musikalischen Wert, besitzen aber keine Originalität.

Louis Mérante

Zina Richard

Korrigane. Ballett der Pariser Oper

Auf Mérante folgt 1889 der Däne Hansen. Er studiert *Der Sturm, Der Traum, La Maladetta* ein, sowie l'Etoile für die Abschiedsvorstellung der üppigen Rosita Mauri. 1905 kreiert er *La Ronde des saisons* (Der Reigen der Jahreszeiten) für die rassige Carlotta Zambelli, die aus Mailand kam und bald zu den ersten Tänzerinnen gehörte. An der Oper hatte sie längere Zeit den Platz einer Ballettmeisterin inne.

Inzwischen waren Italiener und Italienerinnen bis nach Sankt Petersburg gekommen. Virginia Zucchi, deren Vorführungen die Aufmerksamkeit von ganz Europa gefesselt hatten, begibt sich nun daran, Rußland zu erobern, wo sie in einer Singspielhalle in einem Divertissement debütiert. Dort bezaubert sie Zuschauer und Kritiker. Plestscheew, der Historiker des russischen Balletts, schreibt begeistert: „Ein auf Spitzen getanzter Walzer von Chilowski wird in seiner Ausführung zu einem wahren Gedicht." Mit einem aggressiven Charme kam sie, die Zuschauer zu begrüßen, und zwar nicht mehr im schamhaften romantischen Gazeröckchen, sondern in spinnwebartigen Schleiern, die ihre herrlich geformten Beine durchsehen ließen. Dieses radförmige Röckchen wurde darum gleich „italienisches Röckchen" genannt. Wurde der junge Alexander Benois, Maler des Balletts von Djaghilew, durch den erotischen Tanz der Zucchi oder durch ihre gewagte Bekleidung verführt? Auf jeden Fall wurde seine Kunst durch die hartnäckige Bewunderung beeinflußt, die er der Ballerina widmete. Nachdem die Zucchi für *La Fille du pharaon* (Die Tochter Pharaos) verpflichtet worden war, hatte das Marinsky-Theater ausverkaufte Säle.

Antoinetta Dell'Era, die in Rußland 1885 zuerst im Kabarett auftrat, wurde im Marinsky-Theater für ihren zurückhaltenden und ausgewogenen Tanz applaudiert. 1892 kreierte sie das Ballett *Nußknacker* von Tschaikowsky.

TSCHAIKOWSKY

Carlotta Brianza, Emma Bessonne und Elena Cornalba teilten sich noch mit mehr oder weniger Erfolg die Gunst des russischen Publikums. Dann wurden Giovanna Limido und Enrico Cecchetti 1889 für eine Singspielhalle engagiert. Während man Giovanna als „Quintessenz des klassischen Geistes" bezeichnete, beeindruckte ihr Partner durch seine Wirbel. Nachdem er Professor an der Kaiserlichen Schule geworden war, lehrte er einige Zeit bei Djaghilew.

Nun aber trat Pierina Legnani auf den Plan! Die berauschende Tänzerin, Schülerin der Caterina Beretta, hatte bereits in Mailand, Paris, London und Madrid Lorbeeren errungen. 1893 Debüt im Marinsky-Theater in *Aschenbrödel. Le Journal des spectacles,* eine Zeitschrift, die in Sankt Petersburg in französischer Sprache erschien, brachte einige Berichte: „Die große Attraktion des Abends war das erste Auftreten von Fräulein Pierina Legnani, der Primaballerina, die trotz ihres blonden Haares eine Italienerin ist. Heute können wir von ihr sagen, daß sie ein feines Minenspiel und sehr geschmeidige Bewegungen hat, ihre Posen sind von vorzüglicher Plastik, die Kraft ihrer Knöchel und ihr Gleichgewicht sind ohne Fehl, so daß sie selten einen Partner braucht, und

Virginia Zucchi von Clairin

endlich hat sie eine so lange Ausdauer und eine so schwindelerregende Technik, daß man sie in dieser Hinsicht mit dem Meister Cecchetti vergleichen kann. Schon im zweiten Akt führt sie Bravourstücke aus und weigert sich nicht, die schwierigsten zu wiederholen; aber im letzten Akt bringt sie die Zuschauer endgültig zu Bewunderungsschreien, indem sie sich unendliche Male (man sagt sechsunddreißig) um sich selbst dreht und dieses Kunststück gleich darauf ein zweites Mal mit noch größerer Genauigkeit und Kraft vollbringt."
Danach tanzte sie den *Schwanensee* – Choreographie von Petipa und Musik von Tschaikowsky – und blieb bis 1901 in Sankt Petersburg, wo ihr sehr persönlicher Charme ihr alle Sympathien errang.
Nachdem der Anstoß gegeben ist, werden die Russinnen ver-

Carlotta Brianza als Esmeralda

Der Korsar. Pierina Legnani

suchen, die brillanten Italienerinnen in den Schatten zu stellen. Dieses Bestreben wird ihnen neue Ausdrucksmöglichkeiten eröffnen. Das Ballett sollte durch frisches Blut neues Leben erhalten. Die Tänzer, die sich einer intensiven Ausbildung unterziehen müssen, übertreffen einander: Oblakow, Olga Preobrajenska und Mathilde Kschessinska. Die beiden letzteren, echte Repräsentantinnen der Petersburger Schule, werden sich den gleichen Ruhm teilen. Paris nimmt sie, dem Beispiel anderer Hauptstädte folgend, auf und macht sie endgültig zu „Stars". Aber wer leitet diese wunderbaren Bewegungstänzer? Marius Petipa, ein Franzose.

MARIUS PETIPA

Marius Petipa wurde 1822 in Marseille geboren und war bei seinem Vater und Vestris in die Lehre gegangen. Auf Tourneen war er nach Nantes und über Brüssel in die Vereinigten

Enrico Cecchetti

Dornröschen. Olga Preobrajenska in der Rolle der weißen Katze

Dornröschen.
Marientheater
von St. Petersburg

Staaten gekommen. Er war Partner der Carlotta Grisi in der Comédie Française und 1841 der von Fanny Elßler an der Pariser Oper. Eines Tages erhielt er folgenden kurzen Brief: „Monsieur Petipa, Seine Exzellenz M. Guedeonow, Direktor der Kaiserlichen Theater, bietet Ihnen die Stelle eines ersten Tänzers. Ihr Jahresgehalt wird 10 000 Franken betragen, und außerdem haben Sie Recht auf eine halbe Benefizvorstellung." Petipa begibt sich umgehend nach Sankt Petersburg. Dort begegnet er dem Ballettmeister Jules Perrot, der erst 1859 nach Frankreich zurückkehren sollte.

Der erste Tänzer Petipa wird bald zum Professor an der Kaiserlichen Schule und 1859 zum Tanzinspektor ernannt. Nun läßt er seine eigenen Schüler, darunter seine künftige Frau Surowtschikowa auftreten. Sein Ehrgeiz ist jedoch nicht auf das Lehramt beschränkt, er will schöpferisch tätig sein. Endlich kann seine Kunst in wunderbaren Balletten freien Ausdruck finden. Man zwingt ihm jedoch die Rosati auf, die durch kaiserliche Protektion die Rolle der *Tochter des Pharao* erhält, ein Ballett, das allgemeine Zustimmung findet. Nachdem die Rosati abgereist ist, beschließt Marius Petipa, die

Marius Petipa

Marie Petipa

ausländischen Tänzerinnen zu eliminieren, um sich den von ihm ausgebildeten russischen Schülerinnen zu widmen. Maruwiewa und Marie Petipa, die Tochter des Meisters, tanzen in Sankt Petersburg, Berlin, Paris, wo ihr Talent volle Würdigung findet. Vazem, der Lieblingsschüler von Marius Petipa, tanzt *Les Deux étoiles* (Die beiden Sterne), *Le Papillon* (Der Schmetterling), *Les Brigands* (Die Räuber) und *La Fille des neiges* (Das Schneemädchen).

Obwohl das Ballettkorps sehr gut ausgebildet ist, bleiben die Zuschauer dem Marinsky-Theater fern und finden sich erst nach Ankunft der italienischen Ballerinen wieder ein. Petipa ist glücklich: seiner Laufbahn steht nichts mehr im Wege. Seine Neigung zur Eleganz wird durch eine starke Persönlichkeit unterstrichen. Wenn er auch nicht die überreiche Einbildungskraft von Saint-Léon oder die Anpassungsfähigkeit von Perrot besitzt, so ist er doch sehr methodisch veranlagt. Nachdem er sehr sorgfältig die Libretti studiert hat, die als Unterlage seiner Choreographie dienen sollen, wendet Petipa seine ganze Aufmerksamkeit der Arbeit der Solisten zu und paßt jeden Tanzschritt ihren Möglichkeiten an. Er wählt die Musik sorgfältig aus, respektiert sehr genau die Partituren seiner Komponisten, möchte die von ihm erwünschten Instrumente jedoch präzisieren. Mit seinem Namen sind drei berühmte Werke verbunden: *La Belle au bois dormant* („Dornröschen“, 1890), nach einem Märchen von Perrault, *Der Schwanensee* (1891), ein phantastisches Ballett, und *Nußknacker* (1902), ein Märchenballett nach einem Thema aus Hoffmanns Erzählungen, die alle drei nach der Musik Tschaikowskys getanzt wurden und etwas von der Grazie der Ballette des Sonnenkönigs bewahrten.

Am Ende des 19. Jahrhunderts sollten die künstlerischen Tendenzen sich vollkommen verwandeln. Die Maler der

STRAUSS, DEBUSSY

Avantgarde wurden immer mehr geschätzt, und die modernen Musiker (Strauß, Debussy) erhielten großen Beifall. Gorsky und Fokine, Petipas eigene Schüler, hielten die Ballette ihres Meisters für veraltet. Außerhalb der Kaiserlichen Theater studieren sie mit Erfolg Werke neuen Stiles ein, wo vor prachtvollen Bühnenbildern Tänzer mit ausgebildeter Technik und einer seit Vestris und seinen Pirouetten aus der Mode gekommenen Kraft umherspringen. Das neugierige Publikum folgt diesen Vorstellungen zuerst mit Interesse, dann mit leidenschaftlicher Anteilnahme.

Nußknacker. Marientheater, St. Petersburg

Schwanensee. Marientheater, St. Petersburg

Doch geht Petipa seinen eigenen Weg weiter. Aber die neue Richtung ist stärker, und bald muß er seinen Titel, den er während der Regierungszeit von vier Zaren innegehabt hat, abtreten. Nachdem der alte Meister viele Angriffe erdulden mußte, wird er 1904 schonungslos in den Ruhestand versetzt. 1906 veröffentlicht er seine *Erinnerungen* und stirbt vier Jahre später in seiner Wahlheimat.

Sergius Djaghilew

XII
Die Russischen Ballette von Sergius Djaghilew

Eine amerikanische Tänzerin hatte unseren alten Kontinent erobert, weil sie dem Tanz neue Ausdrucksmöglichkeiten gab. In einen Peplos gehüllt, improvisierte Isadora Duncan allein vor dem Vorhang, nach einer Musik von Bach, Chopin oder Schubert, und drückte dabei ihre Erregungen, ihre Seelenzustände aus. „Ich habe den Tanz nicht erfunden“, sagte sie später, „er bestand bereits vor mir, aber er schlief, und ich habe ihn erweckt.“

Als sie 1905 in Sankt Petersburg auftritt, ist Michail Fokin ganz von ihr begeistert. Unter ihrem Einfluß schafft er nach der Musik von Saint-Saëns den *Sterbenden Schwan*. Isadora Duncan, die, um „ihren“ freien und expressiven Tanz durchzusetzen, ständig gegen die Kanons des akademischen Tanzes ankämpfte, hat keine Schule, aber einen Mythus hinterlassen: die barfüßige Tänzerin! Ihr Ende ist tragisch: In Nizza wird sie mit einem Schal erwürgt.

Die Revolution des Tanzes schritt in Rußland siegreich voran. Sergius Djaghilew, ein Schüler Rimsky-Korsakows und wahrhafter Ästhet, interessierte sich für bildende Kunst, Musik und endlich für das Ballett. Zu Beginn des Jahrhunderts hatte er mit seinem Freund Walter Nuvel und den Malern Leon Bakst, Golowin, Korowin, Roerich und Alexander Benois die *Mir Isskusstwa* (Die Welt der Kunst) gegründet. Zwischen 1904 und 1909 veranstaltete Djaghilew in Paris verschiedene Kundgebungen russischer Kunst und führte 1908 *Boris Godunow*, die Oper Mussorgskys, auf, in der Schaljapin auftrat.

DJAGHILEW

1909 kehrt er mit den Künstlern des Marientheaters nach Paris zurück: Mathilde Kschessinska, Anna Pawlowa, Tamara Karsawina, Ida Rubinstein, Michail Fokin, Waslaw Nijinsky und seiner Schwester Bronislawa, Adolf Bolm, Michel Mordkin u. a. Bei der Ankunft in Paris kommt es zum Streit zwischen Kschessinska und Djaghilew, das Talent der Tänzerin hat jedoch bereits von sich reden gemacht, und sie erhält an der Oper die Rolle der *Coppélia.*

Am 19. Mai 1909 ist der Saal des Châtelet-Theaters ausverkauft. Neben Ministern und Gesandten sitzen Pariser Bühnenkünstler. Prachtvolle Abendkleider, blitzender Schmuck; ganz Paris wartet wie im Fieber. Genau um 8.30 Uhr hebt sich der Vorhang und läßt das märchenhafte Bühnenbild des *Pavillon d'Armide* sehen. Während Fokins Choreographie, Benois' Bühnenbilder und Kostüme die erlauchten Zuschauer begeistern, überwältigen Nijinsky und Karsawina durch ihre Virtuosität. Auf den *Pavillon d'Armide* folgt *Fürst Igor,* wo Elena Smirnowa und Adolf Bolm nach Borodins Musik tanzen. Den Abschluß dieses unvergeßlichen Abend bildete *Das Festmahl.* Sergius Djaghilew hatte Paris im Sturm erobert, und ein Kritiker urteilte so: „In meinem Leben gab es zwei Zeitabschnitte, vor und nach den Russischen Balletten."

Die zweite Vorstellung bringt die *Sylphiden,* wo Michail Fokin den romantischen Geist erneuert und den ungreifbaren Charme der zarten, melancholischen Jugend ausdrückt. Vor Bühnenbildern von Benois tanzen Nijinsky, Pawlowa und Karsawina nach einer von Strawinsky orchestrierten Partitur von Chopin. Den größten Erfolg brachte jedoch *Kleopatra,* wo Karsawina, Nijinsky und Fokin die ganze Poesie des Tanzes ausdrücken; Ida Rubinstein erringt einen wohlverdienten Erfolg.

Wer waren eigentlich diese wunderbaren Tänzer, die ihre Anmut, Virtuosität und ihren Geist in den Dienst des Tanzes stellten?

NIJINSKY

Waslaw Nijinsky war gewiß der zauberhafteste Künstler. Er wurde 1890 in Kiew geboren und ging bei Nikolaus Legas und Obukow in die Lehre. Im Alter von achtzehn Jahren zeichnete er sich im Marie-Theater aus und hatte ein Jahr später die für seine Laufbahn entscheidende Begegnung mit Djaghilew. Cocteau hat von ihm ein unliebenswürdiges Porträt hinterlassen: „Nijinsky war ungewöhnlich klein. Seele und Körper waren vom Beruf verunstaltet. Sein stark mongolisches Gesicht war mit dem Körper durch einen sehr

Petruschka. Kostüm →

Bourgeois
velours
Benois
1947

hohen und breiten Hals verhaftet. Die Muskeln seiner Schenkel und Waden spannten den Stoff der Hose und ließen seine Beine wie nach hinten gewölbt erscheinen. Seine Finger waren so kurz, als ob die Kuppen abgeschnitten wären."

Worin liegt also der Zauber dieses kleinen häßlichen Mannes? Sobald er tanzt wird er größer, gibt er sein Wesen auf, zittert, springt, vibriert, und seine sehr geistige Kunst idealisiert jede einzelne seiner Gesten. Später verfiel er dem Irrsinn und starb 1950 in London in einer Pflegeanstalt.

PAWLOWA

Die Pawlowa hingegen ist eine geflügelte Grazie. Sie war von Cecchetti ausgebildet worden und hat einen Stil gefunden, der in den Soli am besten zur Geltung kommt. Wenn man vom *Sterbenden Schwan* spricht, taucht sogleich ihr Name auf: die harmonische Kurve ihrer Arme, der irreelle Spitzentanz und der zerbrechliche weiße Hals, der sich unter dem verendenden Körper bog. 1910 verläßt sie Djaghilew, um mit einer eigenen kleinen Truppe auf Tournee zu gehen. Sie blieb ihrem poetischen Stil treu und tanzte auf allen Bühnen der Welt mit unvermindertem Erfolg. In Den Haag starb sie 1931 an den Folgen einer Lungenentzündung.

KARSAWINA

Tamara Karsawina ist bis 1914 die Primaballerina von Djaghilews Balletten. Sie war die Tochter eines Tänzers vom Marinsky-Theater und hatte einen poetischen Charme, den eine vollkommene Technik zur Geltung brachte.

Im Dienst des Meisters und seiner Truppe standen vier große Choreographen: Fokin, Massin, Balanchine, Nijinska und später Lifar.

Wieder einmal tritt das Russische Ballett an der Pariser Oper auf. Auf dem Programm: *Giselle* mit Karsawina und Nijinsky. Obwohl die beiden Stars großen Erfolg haben, findet das Ballett wenig Beifall; man wirft ihm vor, einen veralteten akademischen Stil weiterzuführen. Nach der Vorstellung von *Giselle* im Marinsky-Theater wird Nijinsky gezwungen, auszutreten, denn wenn die Zuschauer sich auch über seine Technik begeistert haben, so wurde hingegen das von Benois für den jungen Tänzer entworfene Kostüm als unanständig angesehen, vor allem weil Nijinsky sich weigerte, über seinem Anzug die vorschriftsmäßigen Beinkleider zu tragen.

Igor Strawinsky wird durch den *Feuervogel* berühmt werden. Der glitzernde Vogel mit flatternden Flügeln wird

von Karsawina verkörpert, und die Pariser sind begeistert. Nun aber folgt *Scheherazade:* Das Bühnenbild mit seinen warmen, leuchtenden Farben evoziert die Märchen von Tausendundeiner Nacht und erweckt verworrene Gefühle: Verlangen, Leidenschaft, Wollust. Die Pariserinnen werden von dieser halb orientalischen Mode verführt. Sie legen die Pastellfarben und Stiefelchen ab, um die von Poiret, dem großen Modeschöpfer jener Zeit, entworfenen starkfarbigen Kleider aus prachtvollen Stoffen anzuziehen.
1909 bildet Djaghilew seine eigene Truppe: Das Russische Ballett führt in Paris *Le Spectre de la rose* mit Musik von

Anna Pawlowa

Tamara Karsawina von Jacques-Emile Blanche →

Weber und einem Libretto von Jean-Louis Vaudoyer auf; am 13. Juni 1911 folgt *Petruschka,* deren Choreographien Fokin nach einer Partitur von Strawinsky geschrieben hatte. Die Handlung des Balletts führt uns zum Karneval, wo sich drei Marionetten, drei ausgestopfte Puppen, in denen ein armes menschliches Herz schlägt – die hübsche Ballerina, die unglückliche Petruschka und der dumme Mohr –, gegenseitig zerfleischen, während um sie eine zügellose Sarabande abrollt. Die französischen Musiker sollten nun ihrerseits die russischen Choreographen inspirieren. Wir schreiben das Jahr

DEBUSSY RAVEL

1912. Debussy tritt mit seinem *Prélude à l'après-midi d'un faune* und Ravel mit *Daphnis et Chloé* hervor. *L'Après-midi d'un faune* geht von einem Gedicht Mallarmés aus, Nijinsky stellte hier eine Evokation des archaischen Tanzes dar, den man auf einem griechischen Flachrelief findet. In einem eng-

Vera Trefilowa

Die Bajadere: Catherina Geltzer

Der Feuervogel: Tamara Karsawina

Michel Fokin

anliegenden Kostüm erregte der kleine mongolische Faun wegen seines unanständigen Kostüms und seines erotischen und provozierenden Tanzes Skandal. Die friedlichen Pariser Bürger erregen, entrüsten, ärgern sich über seine Kühnheit. Die Menge freut sich über jeden Skandal. Sie stimmt zu, verurteilt, applaudiert oder pfeift mit derselben Leichtigkeit. *Daphnis et Chloé* wird den Nachwirkungen dieses Mißerfolges ausgesetzt, der das Publikum hindert, dieses Ballett gerecht zu beurteilen, obwohl Fokin dem Hirtenthema von Longus religiöses Empfinden und Verzauberung zu geben wußte. 1913 kreiert die Truppe Djaghilew im Theater der Champs-Elysées *Jeux*. Das sportliche Thema dieses Schauspiels hebt

Jeux: Nijinsky, Tamara Karsawina und Ludmilla Schollar

die plastische Darstellung Nijinskys hervor, hat aber keinen Erfolg. Nun folgt *Le Sacre du printemps* („Das Frühlingsopfer“), wo Strawinsky ungewöhnliche Rhythmen und eindringliche Synkopen ausbrechen läßt: Eine primitive Welt wird von einer unerbittlichen Natur beherrscht, von der Rückkehr des Frühlings erschüttert und berauscht. Diese Vorstellung löst einen in den Annalen des Balletts historisch gewordenen Streit aus. Der von den neuen rhythmischen Theorien beeinflußte Nijinsky hatte eine gewagte Choreographie in konvulsivischem Stil geschaffen. Die an die Macht dieser gellenden Musik, die über sie hinwegbrandet, gebundenen Darsteller springen hoch oder lassen sich fallen.

Kleopatra.
Russisches Ballett

Waslaw Nijinsky

In diesem Jahre verheiratete sich Nijinsky im Verlauf einer Tournee nach Südamerika mit einer ungarischen Tänzerin. Der erzürnte und enttäuschte Djaghilew entläßt ihn aus seiner Truppe.
1914. Der Krieg bricht aus. Der unermüdliche Djaghilew sucht sich seinen Weg durch die Mäander der westlichen Kunst, aber zahlreiche Künstler kehren nach Rußland zurück. Nun versucht es Djaghilew mit dem Opernballett. In Paris wird der *Coq d'or,* Choreographie von Fokin nach Musik von Rimsky-Korsakow und Bühnenbild von Gontscharowa, aufgeführt, sowie *Rossignol,* Oper in drei Akten von Strawinsky, wo Olga Spessiwtsewa zum erstenmal in den russischen Balletten auftritt.
Léonide Massine debütiert in der *Josephslegende* von

Mitternachtssonne. Léonide Massine

Richard Strauss. Der achtzehnjährige Mann ist ein ausgezeichneter Mime und wird später zu den größten internationalen Choreographen des modernen Repertoires gehören. Er schafft *Soleil de nuit, Les Femmes de bonne humeur, Parade* und dann *Les Contes russes.*

RICHARD STRAUSS

Parade wurde nach einer Idee von Jean Cocteau und der Musik von Eric Satie einstudiert. Die Erstaufführung fand 1917 mit den von Pablo Picasso geschaffenen Bühnenbildern statt. Wir befinden uns jedoch in einer kritischen Epoche des Weltkrieges, und dieses ironische, spöttelnde Ballett irritiert und schockiert die ganz durch die politischen Ereignisse beeindruckten Zuschauer. Die Vorstellung hat einen wahrhaften Skandal zur Folge, Cocteau und Picasso können das Theater nur mit Mühe verlassen.

ERIC SATIE

Le Tricorne: Tamara Tumanowa und Léonide Massine

Picasso. →
Programm der Russischen Ballette: Parade

Nachdem er von einer seiner zahlreichen Spanienreisen zurückgekehrt ist, studiert Massine *Le Tricorne* mit Musik von Manuel de Falla ein, das die Schwüle der spanischen Atmosphäre am Ende des 18. Jahrhunderts erweckt. In *La Boutique fantasque,* mit Bühnenbildern und Kostümen von Derain, tanzen Karsawina und Massine nach der von Respighi orchestrierten Musik Rossinis in einem atemberaubenden Rhythmus. Dieses Ballett ist das gelungenste Werk des Choreographen. Massine zeigt noch *Astuces féminines* und *Pulcinella* und verläßt dann 1921 die Truppe des Russischen Balletts.

André Derain.
Bühnenvorhang für La Boutique Fantasque

Nun wendet sich Djaghilew an Bronislawa Nijinska, die Schwester des berühmten Tänzers. Seine Ballette geben die

kubistische Tendenz auf, um sich künftig am Futurismus, Surrealismus und der Akrobatik zu orientieren.

Mit *La Belle au bois dormant* von Tschaikowsky, das er in London mit reicher Ausstattung aufführt, hat der Meister einen großen Mißerfolg. Carlotta Brianza, welche zur Zarenzeit die Belle darstellte, übernimmt nun die der bösen Fee. Aber das Publikum reagiert so gleichgültig, daß man die Vorstellungen abbrechen muß. Djaghilew ist sehr getroffen und will das Stück trotzdem nicht aufgeben: Er stellt die vier Akte neu zusammen und läßt das Ballett mit dem poetischen Titel *Le Mariage d'Aurore* aufführen.

Zu jener Zeit tritt der junge russische Dichter Boris Kochno in die Truppe ein und wird für Djaghilew, der ihn mit den Libretti seiner künftigen Ballette beauftragt, ein wertvoller Mitarbeiter.

1922 führt die Truppe *Mawra,* eine komische Oper, auf, sowie *Renard,* wofür Nijinska die Choreographie nach der Musik von Strawinsky schreibt. Im nächsten Jahr gibt Djaghilew *Les Noces* (Die Hochzeit) mit Felia Dubrowska in der Hauptrolle, eine Kantate, in der die Riten einer Dorfhochzeit evoziert werden. Die durch die halluzinierende Musik Strawinskys hervorgehobene Choreographie der Nijinska erringt einen Triumph.

Die Truppe wird durch neue Startänzer bereichert: Alice Nikitina und Anton Dolin. Letzterer stammt aus Irland und war Schüler der Nijinska. Seine athletischen Gaben entfalten sich in akrobatischen Balletten, er tanzt aber auch gut im klassischen Stil. Nijinska studiert noch *Les Biches* ein, mit

FRANCIS POULENC

Musik von Francis Poulenc, Bühnenbildern und Kostümen von Marie Laurencin. Dieses Ballett in acht Bildern ist eine Parodie der mondänen Gesellschaft der Jahre 1925. Dann folgen *Les Fâcheux, La Tentation de la bergère* und *Le Train bleu,* eine getanzte Operette, wo Dolins gefährliche Sprünge

DARIUS MILHAUD

nach der Musik von Darius Milhaud Beifallsstürme erregen. *Les Matelots* bringen denselben Erfolg.

Inzwischen ist Massine wieder in die Truppe eingetreten und studiert 1925 *Zéphyr et Flore* ein, in dem Dolin, Nikitina und Lifar einen Triumph erringen.

Die Bühne wird jetzt von einem neuen Tänzer beherrscht. Nijinska hatte den aus Kiew stammenden Lifar mit noch vier anderen Tänzern engagiert. Djaghilew wurde auf ihn aufmerksam und vertraute ihm bald immer bedeutendere

Rollen an. Zwei Jahre später ist er erster Tänzer und tritt in allen Balletten auf.

Zur gleichen Zeit hatte Georg Balanchine, ein ehemaliger Schüler der Kaiserlichen Ballettschule, eine kleine Truppe zusammengestellt, mit der er durch England und Deutschland zog. Nachdem er von Djaghilew engagiert worden war, schrieb er die Choreographie von *Baraba,* ein komisches Ballett voller Humor.

Djaghilew entdeckt noch ein junges Mädchen von vierzehn Jahren, Alicia Markowa, das bald zu einem großen Star – wie man sagt, einer „neuen Taglioni" – werden sollte.

Mit Max Ernst und Miró, die mit den Bühnenbildern für *Romeo und Julia* beauftragt werden, tritt der Surrealismus in Erscheinung. Serge Lifar ist Romeo und Karsawina Julia. Auf der Bühne wie im Zuschauerraum bricht ein riesiger Skandal, ein unbeschreiblicher Lärm aus. Die Polizei muß eingreifen.

Dann wird mit *Jack in the box* – die Tänze Erik Saties wurden von Darius Milhaud orchestriert, Bühnenbild von Derain – die Negerkunst modern. Im *Triomphe de Neptune* bilden Volksbilderbogen den Hintergrund für die Bewegungen von Lifar, Danilowa, Sokolowa, Idzikowsky, Balanchine. Das Schauspiel erregt Beifallsstürme.

Olga Spessiwtsewa kehrt zum Russischen Ballett zurück. Während Balanchine *La Chatte* nach einer Musik von Sauguet in einem futuristischen Bühnenbild aus Glimmer und Zelluloid einstudiert, bereitet Massine den *Pas d'acier* (Der stählerne Renner) mit Musik von Prokofiew vor, wo Roboter in einer riesigen Fabrik nach einem mechanischen und infernalischen Rhythmus arbeiten: Die Wirkung ist halluzinierend. Darauf folgt *Oedipus Rex,* nach einer Idee von Cocteau, und 1928 ein Meisterwerk: *Apollo Musagetes* von Strawinsky, Balanchine und Lifar. Danolowa und Woizikowsky sind die Darsteller von *Les Dieux mendiants,* dessen Musik Thomas Beecham nach Händel orchestrierte, und wofür Bakst die Bühnenbilder schuf. Serge Lifar inszeniert in komplizierter aber geschickter Weise den *Ode* von Léonide Massine, wo Filmeffekte mit choreographischen Einlagen abwechseln.

SAUGUET

PROKOFIEW

HÄNDEL

1929 führt Lifar noch *Renard,* einen liebenswürdigen Spaß, auf, den der Maler Larionow nach der Musik Igor Strawinskys inszenierte. Balanchine studiert *Le Bal* nach der Musik von V. Rieti ein; Bühnenbild und Kostüme entwirft

Picasso. Vorhang für La Parade

Chirico. Die Pariser Theatersaison schließt mit dem *Verlorenen Sohn* – Libretto von Boris Kochno, Musik von Prokofjew –, wo die modern orientierte Choreographie von Balanchine durch die Bühnenbilder von Georges Rouault ganz besondere Wirkung erhält. Serge Lifars Darstellung wird ein Triumph. Darauf verläßt die Truppe Paris und begibt sich nach England, Deutschland und Venedig.

Larinow.
Kostüme für Renard

Marie Laurencin
Les Biches

Djaghilew, der seit einiger Zeit erkrankt ist, stirbt am 19. August 1929 in Venedig. Er wird auf dem Friedhof der Insel San Michele begraben.
Nach seinem Tode zerstreut sich die Truppe über die ganze Welt, um neue Schulen zu gründen.

*Schwedische Ballette.
Les Mariés
de la Tour Eiffel*

XIII Die Nachfolger von Djaghilew

Mit Djaghilew stirbt auch sein Werk, doch hat dieser geniale Dilettant den Austausch zweier Kulturen – der des Ostens und der des Westens – ermöglicht. Ihm ist es zu danken, daß sich russische Tänzer und Choreographen, französische Komponisten und Maler, italienische und spanische Musiker zu fruchtbarer Zusammenarbeit vereinten. Zu jener Zeit ist Paris der wichtigste Kunstmittelpunkt der Welt.
1919 gehen verschiedene Mitglieder des Russischen Balletts an die Oper von Monte Carlo oder von Paris.
Zu gleicher Zeit wie die Ballette Djaghilews hatten sich durch Unterstützung mächtiger Mäzene andere Truppen gebildet, die vergeblich mit der des berühmten Meisters zu rivalisieren suchten.
Die von Rolf de Maré begründeten und von dem Tänzer-Choreographen Jean Borlin geleiteten Schwedischen Ballette führten von 1920 bis 1924 zahlreiche Werke auf, die meist auf das nordische Folklore zurückgingen. ROLF DE MARÉ
Eine bemerkenswerte Schöpfung der Avantgarde war *Les Mariés de la Tour Eiffel*, wo Cocteau in Begleitung der Musik von Germaine Tailleferre, Georges Auric, Arthur Honegger, Darius Milhaud und Francis Poulenc eine Reihe komischer Abenteuer voll extravaganter Einfälle erzählte, die den bürgerlichen Geist der „Belle Epoque“ karikierten. *Auf L'Homme et son désir*, Libretto von Paul Claudel, Musik von Darius Milhaud, *La Création du monde*, nach einer Idee von Cendrars, und das vom sizilianischen Folklore inspirierte *Jarre* folgte *Relâche*, ein Ballettschwank von Picabia, nach einer Musik von Erik Satie und einem Zwischenfilm von René Clair, der die widersprüchlichsten Urteile veranlaßte.

Irène Lagut. Vorhang für Les Mariés de la Tour Eiffel

Trotz anerkennenswerter Bemühungen konnte die etwas zusammengewürfelte Schwedische Balletttruppe nicht lange bestehen. 1924 wurde sie aufgelöst.

ETIENNE DE BEAUMONT

In Paris hatte der Graf Etienne de Beaumont, ein begabter Musikliebhaber, 1924 die „Soirées de Paris" gegründet. Er gab seine Vorstellungen im „Théatre de la Cigale", der berühmten Singspielhalle des Montmartre. Auf dem Repertoir standen Werke von Léonide Massine: *Die schöne Donau* von Offenbach, *Salade* von Milhaud, *Mercure* von Satie und *Romeo und Julia,* für das Cocteau den Text Shakespeares in eine getanzte Pantomime übertragen hatte. Doch bestand diese Truppe nur kurze Zeit (17. Mai bis 30. Juni 1924).
Nach dem ersten Weltkrieg gründete Ida Rubinstein eine Ballettruppe, die an der Pariser Oper und auf allen Bühnen der Welt auftrat. Sie hatte eine starke Neigung zur Mimik und veranstaltete wenig einheitliche Vorstellungen. Sie führte den *Bolero* von Maurice Ravel und *Le Baiser de la fée* von Strawinsky auf und verlangte Partituren von Jacques Ibert, Georges Auric und Henri Sauguet.

André Gide gab ihr den Text seines mimischen Dramas *Persephone* und Paul Valéry die von *Amphion* und *Sémiramis*, das von dem märchenhaften Geschick der Königin von Babylon berichtete.

Ida Rubinstein war vorsichtig und nahm nur erprobte Talente in Anspruch: für die Choreographie Nijinska, Massine und Jooss, als junge Tänzer Vilzak, Lichine, Scholl, Dolin, Ashton. 1935 mußte sie jedoch ihre Arbeit aufgeben. Inzwischen war Bronislawa Nijinska mit Ballettvorstellungen nach Paris gekommen.

1931 führte sie *Etude* von Bach auf, ein abstraktes Ballett mit recht trockenen und strengen geometrischen Variationen; *Les Comédiens jaloux*, in dem Personen der Commedia dell'Arte auftraten; *Variations* nach der Musik von Beethoven, ein weiteres abstraktes Ballett, das in einem stark stilisierten Bühnenbild aufgeführt wurde.

Zu dieser Truppe gehörten Alexandra Danilowa, Anatole Vilzak, Thadeo Slawinsky, Vera Nemtschinowa, Nina Tikanowa, Tatjana Uskowa. Bei der Gestaltung ihrer Ballette ging Nijinska mehr von der Bewegung als von den Ausdruckmöglichkeiten aus. Sie versuchte neue choreographische Formen zu finden und hat durch ihre Lehre wie auch ihr gesamtes Werk dazu beigetragen, die Bedeutung des Wortes Ballett zu erweitern.

René Blum

1932 wurde am Theater von Monte Carlo das erste „Russische Ballett von Monte Carlo" gegründet, dessen Direktoren René Blum, Bevollmächtigter am Theater des Fürstentums, und Wassili de Basil waren. Letzterer, ein ehemaliger Offizier der zaristischen Armee, ist besser unter dem Namen Oberst Basil bekannt. Die neue Truppe versuchte die Tradition Djaghilews weiterzuführen und brachte die besten seiner ehemaligen Mitarbeiter zusammen: Léonide Massine, George Balanchine, zu denen sich die jungen fünfzehnjährigen Tänzerinnen Tamara Tumanowa, Irina Baronowa, Tatjana Riabuschinska gesellten. Ihre Technik war bereits vollendet und ihre Frische und frühreife Virtuosität erstaunten und bezauberten das Publikum. Die beiden Stars der Truppe waren jedoch unbestritten David Lichine und Alexandra Danilowa. Die Reihe dieser Vorstellungen wurde von zwei Balletten Balanchines eingeleitet: *Concurrence,* eine Pantomime, wo man zu den frischen Weisen der Musik von Georges Auric extravagante von Derain entworfene Ko-

Oberst Basil

André Derain. Kostüme für Konkurrenz

stüme vorbeiziehen sah; *Cotillon* von Chabrier, dessen abwechselnd reizvolle oder melancholische Bilder ein Werk von Christian Bérard waren. Dann führt Massine nach der Musik von Bizet und den Bühnenbildern von Miró *Jeux d'enfants* auf. 1933 bot er *Die schöne Donau* und *Beach,* ein Ballett nach der Musik von Françaix, Bühnenbild von Dufy, das wieder zum klassisch-akademischen Tanz zurückkehrte. Mit den *Présages* kam jedoch eine neue Stilrichtung auf: Es handelte sich um eine choreographische Symphonie in vier Teilen nach der *Fünften Symphonie* von Tschaikowsky, die in einem surrealistischen Bühnenbild von André Masson das menschliche Schicksal symbolisierte. Massine wurde hiermit zum Schöpfer der großen choreographischen Fresken, die zur *Symphonie fantastique* führen.

1934 führt Massine noch *Union Pacific,* ein Ballett im Wildweststil, auf, das ihn als Meister der Bewegungen großer Gruppen und Massen zeigte, und Lichine studierte *Les Imaginaires* nach einer Musik von Georges Auric ein.

Nun verließ Oberst Basil das Russische Ballett von Monte Carlo, um seine eigene Truppe zu gründen. Die zweite russische Balletttruppe von Monte Carlo wurde 1936 von René Blum geschaffen. Er berief Michail Fokin, der Djaghilew verlassen hatte und nach Rußland heimgekehrt war,

Christian Bérard. Kostüme

von wo er sich jedoch bald nach den Vereinigten Staaten einschiffte. Dort fand er aber für die Entwicklung seiner Kunst keine günstige Atmosphäre und kehrte darum nach Europa zurück, wo er *Diane de Poitiers, Sémiramis* und *La Valse* von Ravel einstudierte. Das Russische Ballett von Monte Carlo stellte Fokin sowohl die technischen und finanziellen Mittel wie auch die Hilfe talentierter Maler und Musiker zur Verfügung, und nun konnte er seiner Eingebung freien Lauf lassen. 1936 studierte er nach einer Partitur von Mozart mit Bühnenbildern von Derain *L'Epreuve d'amour* ein. Die Handlung spielte sich, wie Mozart beabsichtigt hatte, in China ab.

RAVEL

MOZART

Nach den *Elfen* mit zerbrechlichen Flügeln und regenbogenfarbenen Trikots schuf Fokin 1937 die Choreographie von *Don Juan.* Dieses ehemals von Gasparo Angiolini in Wien aufgeführte Schauspiel war eine edle nach der Musik von Gluck getanzte Pantomime mit Kostümen von Mariano Andreu.

GLUCK

Einige Jahre später kehrte Michail Fokin nach Amerika zurück, wo er für das „Ballet Theatre" arbeitet, in dem er *Blaubart* mit Dolin in der Hauptrolle und 1941 *Lieutnant Kije* aufführte. Er setzte seine Tournee in Mexiko fort, wurde bei seiner Rückkehr nach New York von einer plötzlichen

Alexandra Danilowa

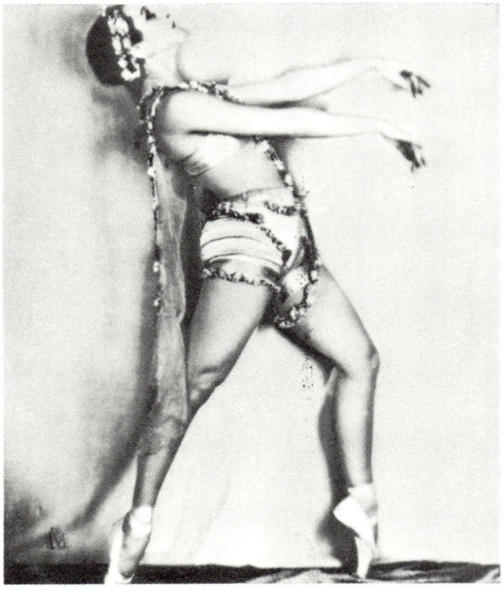

Tamara Tumanowa

Krankheit befallen und starb dort am 22. August 1942. Seine Intelligenz und außergewöhnliche musikalische Begabung machten ihn nicht nur zu einem großen Tänzer, sondern auch zu einem berühmten Choreographen. Als Parteigänger des expressiven Tanzes suchte er ständig die drei Elemente – Musik, Malerei, Tanz – zu vereinen.
Zur Balletttruppe von Monte Carlo gehörten damals die allerbesten Tänzer. Die „prima ballerina assoluta" war Alexandra Danilowa, die Rußland verlassen hatte, um zuerst mit Djaghilew und später mit René Blum zu arbeiten. Mühelos stellte sie die verschiedensten Rollen dar.
Alicia Markowa hingegen führt den Stil der Taglioni weiter:

Die Siebente Symphonie. Alicia Markowa und Igor Juskewitsch

die gleiche geheimnisvolle Poesie, Leichtigkeit und Anmut. Neben Massine, dem Ballettmeister, treten Juskewitsch, Franklin, Dukudowsky und Georges Skibine auf. Die Truppe hatte sich in allen Hauptstädten vorgestellt. Paris war nicht mehr das Zentrum des Balletts. Es hatte vor London zurücktreten müssen, wo Tänzer und Choreographen aus der ganzen Welt zusammenkamen. 1939 wird die Welt des Balletts durch den Kriegsausbruch erschüttert. Doch Massine bereitet noch *Les Scènes russes* mit Musik von Borodin vor, sowie *Noble Vision,* das verschiedene Szenen aus dem Leben des Hl. Franziskus darstellte, eine Choreographie, wo die wichtigste Rolle dem Spiel der Hände zufiel.

In *L'Etrange Farandole* kämpfen Mann und Frau gegen ihr Schicksal an. Die blendendweißen Trikots von Alicia Markowa und Igor Juskewitsch heben sich von den bunten Kostümen ihrer Partner ab, die Matisse entworfen hatte. Vor einem stark stilisierten Hintergrund rollte sich das Schauspiel in vollendeter Harmonie ab.

Das Russische Ballett des Oberst Basil, später unter dem Namen „Originalrussisches Ballett" bekannt, kam auf seinen Tourneen nach Spanien, London, New York, Australien und bis nach Neuseeland. 1936 wurde die *Phantastische Symphonie* im Covent Garden von London aufgeführt. In einer Folge von fünf Bildern ließ Massine das Lyrische und den Adel von Hector Berlioz' Meisterwerk auflegen, dessen machtvolle, klangreiche Musik den Gruppenbewegungen auf der Bühne entspricht. Die reiche choreographische Komposition wurde durch das Bühnenbild von Christian Bérard gesteigert.

HECTOR BERLIOZ

Das „Originalrussische Ballett" führte seine Tourneen in Australien zu Ende und ging dann nach Mittel- und Lateinamerika. 1947 veranstaltete es einige Vorstellungen in Paris und löste sich bald danach auf.

XIV Das Ballett in Frankreich

Auch die Pariser Oper wurde von den Russischen Balletten beeinflußt. Jacques Rouché, der seit 1914 ihr Direktor war, wandte sich an bekannte Musiker, wie Strawinsky, Albert Roussel, Jacques Ibert, Paul Dukas, Gabriel Pierné, und an talentierte Maler, wie Raoul Dufy, Maurice Brianchon, Yves Brayer, Leon Bakst, Maxime Dethomas.

STRAWINSKY
ALBERT ROUSSEL
JACQUES IBERT
PAUL DUKAS
GABRIEL PIERNÉ

Wenn Léo Staats, der Choreograph der Oper, und Albert Aveline, der erste Tänzer, auch nicht Fokins oder Nijinskys Genie haben, so sind sie doch von tiefer Liebe zu ihrem Beruf durchdrungen. Primaballerina ist Carlotta Zambelli, der man die bedeutendsten Rollen des Repertoires überträgt, neben ihr wirken Aida Boni und Camille Bos.

Clustine, der ehemalige Ballettmeister der Pawlowa, schreibt nach einer Novelle von Puschkin die Choreographie von *Russalka* mit Musik von Lambert. Anschließend kreiert er nach der Musik von Chopin *Suite de danse,* und Staats führt mit Bühnenbildern von Dethomas *Die Bienen* von Strawinsky auf.

1921 kehrt Fokin nach Paris zurück und gibt dort *Daphnis et Chloé* mit der Musik Ravels zum besten. 1923 studiert Staats *Cydalise et le Chèvre-pied* (Musik von Gabriel Pierné) nach einem Libretto von Flers und Caillavet in der von Dethomas gemalten Waldlandschaft ein. Carlotta Zambelli verkörpert Cydalise, Albert Aveline ist der junge Faun. Unter den jungen Tänzern fallen Suzanne Lorcia und Serge Peretti auf, den man bereits den „kleinen Vestris“ nennt.

1924 sehen die Pariser die Pawlowa wieder. Im folgenden Jahr tanzt Olga Spessiwtsewa im Russischen Ballett an der Oper *Giselle* zusammen mit Aveline und de Ricaux, in

← *Tanzgruppe*

Soir de fête sind die Zuschauer von der Reinheit ihres Stiles ganz hingerissen. Danach tritt Bronislawa Nijinska mit ihrer Truppe auf, in der die jugoslawische Tänzerin Mia Slawenska hervortritt, die besser unter dem Namen Mia Corak bekannt ist.

1929 wird George Balanchine auf Anraten von Rouché zum Ballettmeister der Pariser Oper ernannt.

Zur Feier von Beethovens Todestag will Jacques Rouché *Die Geschöpfe des Prometheus* aufführen lassen, ein Ballett, das Vigano 1801 in Wien geschaffen hatte. Er beauftragt Balanchine mit der Choreographie, doch dieser wird krank, und Lifar übernimmt die Arbeit. Letzterer rehabilitiert den männlichen Tanz und gibt eine sehr persönliche Fassung des *Prometheus*. Die Aufführung bringt vollen Erfolg, und Rouché engagiert ihn 1930 als Ballettmeister und Choreographen. Zu jener Zeit ist Lifar vierundzwanzig Jahre alt und bleibt von nun an fünfundzwanzig Jahre an der Oper: Ergebnis seiner glänzenden Laufbahn sind sechzig Ballette.

In *Le Spectre de la rose* tritt er zuerst als klassischer Tänzer hervor, dessen Stil männlicher ist als der Nijinskys, und in *Giselle* gibt er an der Seite Spessiwtsewas der Rolle des Prinzen einen neuen Ernst und viel Lyrik.

1935 bringt er *Icare* heraus. Die Partitur schuf Szyfer nach den rhythmischen Angaben des Tänzers. Die antiken Kostüme und Bühnenbilder wurden von Larthe entworfen. Vor der Aufführung wird ein Manifest verlesen, in dem Lifar im Ballett die Vorherrschaft des Tanzes über die Musik fordert. Das Drama des Ikaros soll zwischen der Erfahrung des Dädalus und der modernen Fliegerei eine Parallele ziehen. Lifar verkörpert Ikaros, der sich von der Schwerkraft befreit, davonfliegt, abstürzt, zerschmettert wird und im Tode unbeweglich liegt. In einer tragisch gespannten Atmosphäre stellt der Tänzer durch eine ausdrucksvolle Pantomime und ein gut einstudiertes Mienenspiel Hoffnung, Mühen, Erstaunen, Angst und Todeskampf des jungen Mannes dar.

Auf *Harnasie,* ein volkstümliches Ballett, das das Leben der Bauern in der polnischen Tatra darstellt, folgt *Le Roi nu.* Das Thema dieses komischen Balletts mit Musik von Jean Françaix ist ein Märchen von Andersen.

JEAN FRANÇAIX

In *Promenade dans Rome,* einem eleganten choreographischen Divertissement, bewegen sich Serge Lifar, Suzanne Lorcia,

Serge Peretti und Geneviève Kergrist vor einem von Decaris gemalten Hintergrund, der das römische Gesellschaftsleben im 19. Jahrhundert darstellt.
1937 und 1938 bringt Lifar zwei biblische Ballette heraus. Im *David triomphant,* dessen Bühnenbild Fernand Léger schuf, begleitet Rietis musikalisches Arrangement nach Debussy und Mussorgsky die Tanzschritte von Lycette Darsonval und der jungen Yvette Chauviré. *Le Cantique des cantiques* hat trotz Lifars wunderbarer Vorführung und der Musik Honeggers wenig Erfolg. *Orine et le Prince d'amour* mit Musik von Florent Schmitt macht mit Lifars Gewohnheit, Einzelpersonen herauszustellen, ein Ende. Lycette Darsonval tanzt die perverse und kapriziöse Schloßherrin, die vom Tod besiegt wird: In dieser Rolle wirkt sie verführerisch und autoritär.
1941 studiert Serge Lifar für Yvette Chauviré *Istar* von Vincent d'Indy ein. An der Schwelle der sieben Tore, durch die sie schreiten muß, um den Sohn des Lebens zu befreien,

Solange Schwarz

Orine et le Prince d'Amour. Ballett von Serge Lifar

legt die Göttin Schleier und Schmuck ab. Diese Solopartie von achtzehn Minuten Dauer brachte der jungen Tänzerin die Beförderung zur Primaballerina der Oper von Paris. Seit diesem Abend tanzt Yvette Chauviré auf den Bühnen der ganzen Welt.

MARCEL SAMUEL-ROUSSEAU

Entre deux rondes berichtet von der im Louvre stattfindenden Begegnung zwischen einer Apollonstatue (Lifar) und einer Tänzerin von Degas (Schwarz). In diesem Ballett harmonieren klassische und akrobatische Tanzfiguren mit der Partitur von Marcel Samuel-Rousseau.

Orine et le Prince d'Amour

EDOUARD LALO

1943 steht *Suite en blanc* auf dem Spielplan. Hier kommt vor allem die farbenreiche, malerische Musik von Edouard Lalo zur Wirkung, während sich Lifar bemüht, die besonderen Talente der Tänzerinnen herauszustellen: das Lyrische von Yvette Chauviré, die Virtuosität der Schwarz, die Sicherheit der Darsonval. Doch dürfen wir die Tänzer nicht vergessen: Ritz, René Fenonjois und ein junges Talent: Roland Petit. Mit Bühnenbildern von Maurice Brianchon wird *Sylvia ou la Nymphe de Diane* von Léo Delibes wieder auf die Bühne gebracht. Hier wetteifern Solange Schwarz, Suzanne Lorcia und Lycette Darsonval neben Goubé und Lifar. Dieses etwas verworrene Ballett hat keinen Stil, der Erfolg ist mäßig. Serge Lifars Meisterwerke sind zweifellos *Le Chevalier et la Demoiselle* und *Joan de Zarissa.*

Das erste Ballett spielt im Mittelalter und berichtet die Sage von der schönen Demoiselle, die in eine Hirschkuh verwandelt wurde. Philippe Gauberts Musik begleitet die sowohl märchenhafte wie auch kriegerische Handlung, die sich in schattigen Wäldern abspielt. Cassandres Bühnenbild nimmt mittelalterliche Miniaturen zum Vorbild. Die Hirschkuh ist Solange Schwarz: Diese Rolle läßt ihre Geschmeidigkeit und Virtuosität hervortreten. Der fahrende Ritter ist Lifar: Er führt zahlreiche temperamentvolle Sprünge aus. An ihrer Seite: Ritz, Goubé, Peretti, Roland Petit. Yvette Chauviré in der episodischen Rolle einer Prinzessin hinterläßt einen unauslöschlichen Eindruck.

Joan de Zarissa, das 1942 auf den Spielplan der Oper kommt, berichtet die Abenteuer eines zynischen Don Juans, der endlich sein wüstes Leben bereut. Die Musik von Werner Egk und die Bühnenbilder von Yves Brayer verstärken diese tragische Atmosphäre. Lifar tanzt die Rolle des Joan und Solange Schwarz die von „la Plus belle“. Da hier teilweise auf den klassischen Tanz verzichtet wurde, ist dieses choreographische Fresko eine der vollkommensten Schöpfungen Lifars.

Yvette Chauviré

1945 bekommt die Oper durch Maurice Lehmann ein anderes Gesicht. Seine Schauspiele sind vielleicht etwas zu prunkvoll, erringen jedoch beim Publikum große Gunst. Seine erste Aufführung ist *Mirages,* in dem die düsteren Bühnenbilder von Cassandre den Rahmen zu Yvette Chauvirés und Michel Renaults Tänzen durch ein Märchenland geben. Madeleine Lafon verkörpert eine Chimära. Die poetische Choreographie nach der Musik von Henri Sauguet war ein Werk Lifars.

1950 stellt Tamara Tumanowa neben Lifar eine unvergeßliche tragisch-pathetische *Phèdre* dar. Die Musik zu dem Drama Racines schrieb Auric und Lifar die Choreographie. Aber auch andere Choreographen arbeiten für die Oper.

1952 studiert Harald Lander, ein dänischer Ballettmeister, *Les Caprices de Cupidon* nach der Musik von Jens Lolle ein, wozu Chapelain die Bühnenbilder entwirft. Dieses preziöse und raffinierte Ballett steht stilistisch dem 18. Jahrhundert sehr nahe.

JEAN-PHILIPPE RAMEAU

Mit den *Indes galantes* bringt Maurice Lehmann 1952 ein prachtvolles choreographisches und lyrisches Schauspiel auf den Spielplan. Die Musik von Jean-Philippe Rameau paßt gut zu den vollendeten Choreographien von Lifar, Lander und Aveline. Bühnenbild und Kostüme wurden von Arbus, Dupont, Chapelain-Midy, Carzou, Fost, Moulène und Wakhewitsch gestaltet. Dieses Opernballett besteht aus einer Bilderfolge, in der die Inszenierung von allen Beleucht- und Maschineneffekten Gebrauch macht.

DE CZERNY

Im selben Jahr kommt *Etudes* nach den Klavierstücken Czernys zur Aufführung. Micheline Bardin, Claude Bessy, Michel Renault und Alexandre Kaliujny tanzen im klassischen Stil.

1955 kreiert Serge Lifar *Les Noces fantastiques*, diese tra-

Suite en blanc.
Ballett von Serge Lifar

Joan de Zarissa. Finale

gische Hochzeit zwischen einem Meergespenst und der Verlobten, die von ihm in das grünliche Wasser gezogen wurde, findet auf dem Meeresgrunde statt. Die Hauptrollen werden von Nina Vyrubowa und Peter van Dijk gestaltet.
Im selben Jahre studiert John Cranko, ein britischer Choreograph, *La Belle Hélène* ein. Dieses komische Ballett wird von Yvette Chauviré, Michel Renault, Max Bozzoni und Claude Bessy getanzt; die Bühnenbilder stellen mit einem gewissen Humor eine Modernisierung des antiken Griechenlands dar. Dann bringt Serge Lifar unter der Leitung von Georges Hirsch *Romeo und Julia* auf den Spielplan. Das Drama, zu dem Wakhewitsch das Bühnenbild schuf, wurde hier in zwei Akte und zwei Szenen zusammengefaßt. Liane Daydé ist die Tochter der Capulets, Michel Renault der Abkömmling der Montaigus, während Serge Lifar den Bruder Lorenz verkörpert.
1957 wird *Le Martyre de Saint Sébastian*, das Ida Rubinstein 1911 als erste an der Pariser Oper getanzt hatte, neu auf den Spielplan gesetzt. In der Hauptrolle von Debussys

Mysterienspiel bringt Ludmilla Tscherina ihre großen tänzerischen und mimischen Gaben zur Geltung.

Idylle, Annabel Lie und *Concerto* gehörten zuerst zum Programm der Ballette des Marquis de Cuevas, dann zur Komischen Oper und werden endlich in den Spielplan der Oper aufgenommen.

Die Kameliendame (Musik von Henri Sauguet) hingegen geht selbstverständlich von Dumas' Roman aus. Die romantische Marie Duplessis wird von Yvette Chauviré getanzt, ihr Partner ist George Skibine, der auch die Choreographie dieses Ballettes schuf.

Der Amerikaner Gene Kelly studiert mit einer Neigung zur Komik den *Pas de Deux* nach dem *Konzert in Fis* von George Gershwin ein, während Wladimir Burmeister, der sowjetische Ballettmeister, in der Pariser Oper den *Schwanensee* aufführt. Dieses märchenhafte Ballett von Strawinsky, in dem der Tänzer zahlreiche technische Schwierigkeiten

Madeleine Lafon

Übungen an der Stange

überwinden muß, hat den Spielplan nicht verlassen. Die Doppelrolle der Odile-Odette wurde von Josiette Amiel gestaltet, Prinz Siegfried war Peter van Dijk. Der Ballettmeister Michel Descombey bereichert die Pariser Oper mit Jugend und Phantasie. Nach der kleinen *Konzertsymphonie* von Frank Martin studiert er in Bühnenbildern von Bernard Daydé *La Symphonie concertante* ein. Die beiden von der Menge getrennten Liebhaber werden von Claude Bessy und Attilo Labis verkörpert. 1963 tanzen Claire Motte und Attilo Labis in *But,* einem Ballett, das nach einer Musik von Casterade das Basketballspiel evozierte.

Zu Beginn der Theatersaison 1964 wird der Ballettmeister der Pariser Oper, Michel Descombey, von zwei Repetitoren assistiert: Gérard Mulys und Léone Mail. Die neuen Startänzer Claude Bessy, Josette Amiel, Claire Motte, Jacqueline Rayet und Christiane Vlassy übernehmen die Hauptrollen, während Yvette Chauviré, die technische und künst-

Nina Vyrubowa

Daphnis und Chloe. Marjorie Tallchief und George Skibine

lerische Beraterin, mit Fräulein Guillot, der Direktorin der Tanzschule, zusammenarbeitet. Die männlichen Stars dieses Ballettkorps sind Attilo Labis, Flemming Flindt, Jean-Paul Andreani und Cyril Atanasow. Yves Brieux, Rita Thalia, Robert Blanc, Lucien Legrand, Gérard Mulys, Serge Peretti und Madeleine Lafon werden ihrerseits Lehrer.

Die Oper hat jedoch nicht mehr das Monopol. Die großen Choreographen wollen freie Hand haben und kehren dem strengen Haus den Rücken. In Paris und in der Provinz werden nun zahlreiche neue Tanzgruppen gegründet, die neue, kühne Schauspiele aufführen: Das Ballett neigt wieder zur Romantik.

Michel Descombey

Giselle.
Jacqueline Rayet
und Peter van Dijk

Claude Bessy
und Attilo Labis

Übung für den Schwanensee. Jacqueline Rayet

Josette Amiel und Flemming Flindt

Das Ballett der Champs-Elysées, das 1945 von Roger Eudes, dem Direktor dieses Theaters und dem Vater von Roland Petit, begründet wurde, stellt junge Talente heraus, die während der Besatzungszeit herangereift sind. Neue Choreographen treten auf den Plan: Janine Charrat, Roland Petit, Jean Babilée, und auf dem Programm stehen junge, bisher unbekannte Kräfte: Renée Jeanmaire, die 1954 Roland Petit heiratet, Ethery Pagawa, Nathalie Philippart, Violette Verdy, July Algarow, Irène Skorik, Nina Vyrubowa, Wladimir Skuratow und die junge Leslie Caron. *Les Forains*, das erste Stück der Truppe, wird für Roland Petits Laufbahn entscheidend.

Henri Sauguet, der Autor der Partitur, schrieb: „In diese Musik hatte ich all meine ehemalige Liebe zu Jahrmärkten und Wandertheatern gelegt, all mein Gefühl für die umherziehenden Künstler, die unter verblaßtem Rauschgold Traum und Phantasie mit sich bringen." Dieses so jugendliche Werk errang stürmischen Beifall.

Das 1954 aufgeführte *Jeu de cartes* ließ Meisterschaft und Talent von Janines Charrats Choreographie erkennen. In weißen mit Herz, Pik, Eicheln oder Schellen bedeckten

Les Liens. Ballett von Janine Charrat

Trikots tanzten die Mitwirkenden ein Pokerspiel, in dem der phantastische Joker (Jean Babilée) die Asse und Quinten je nach Laune zusammenbringt oder auseinanderreißt.
1946 wird *La Sylphide,* die Rolle der Taglioni, von Victor Gsowsky neu einstudiert. Hauptdarsteller sind Nina Vyrubowa und Roland Petit. Die Aufführung hat uneingeschränkten Erfolg.
Nach einer Musik von Johann Sebastian Bach und in Bühnenbildern von Wakhewitsch tanzen Nathalie Philippart und Jean Babilée *Le Jeune Homme et la Mort* von Jean Cocteau. In diesem ergreifenden Drama, wo ein verliebter Künstler und ein grausames gleichgültiges Fräulein sich verzweifelt suchen, wird die Liebe endlich vom Tode vernichtet.
Auf dem Spielplan der Champs-Elysées erscheinen nacheinander: *Le Bal des blanchisseuses* (Musik von Vernon Duke), *Les Amours de Jupiter* (Musik von Jacques Ibert), *La Rencontre ou Oedipe et le Sphinx* (Musik von Henri Sauguet) mit der rätselhaften Leslie Caron. Die junge Truppe erntet auf ihren internationalen Tourneen triumphalen Beifall, wird aber 1950 aufgelöst.

VERNON DUKE
JACQUES IBERT
HENRI SAUGUET

Roland Petit, der diese Truppe 1948 verließ, hat inzwischen die „Ballets de Paris“ begründet. Im selben Jahre geben sie ihre ersten Vorstellungen im Marigny-Theater.

Auf dem Programm: *Les Demoiselles de la nuit.* Leonor Fini entwirft die Bühnenbilder und Jean Françaix komponiert die Musik. Die von Jean Anouilh erdachte rätselhafte und sinnliche Katzenfrau wird von Margot Fonteyn dargestellt. Nach dem *Œuf à la coque* mit Colette Marchand studiert Roland Petit 1949 *Carmen* ein, wo sich Zizi Jeanmaire endgültig durchsetzt.

In diesem etwas revolutionären Ballett überträgt Roland Petit das Buch Mérimées und nimmt sich der Partitur von Bizet gegenüber einige Freiheiten. Die kraftvollen Farben von Bühnenbild und Kostümen Clavés passen gut zu dem entfesselten, leidenschaftlichen und erotischen Tanz der beiden Liebenden. Die brillante und herausfordernde Zizi Jeanmaire ist die Königin des Abends und erringt einen Triumph ohnegleichen.

Carmen.
Zizi Jeanmaire

La Croqueuse de diamants, Le Loup, Deuil en vingt-quatre heures und *La Chambre* finden beim Publikum Interesse und Beifall. *Cyrano de Bergerac* beendet 1959 die Pariser Spielzeit der „Ballets de Paris“.

Nach längeren Tourneen durch England, Deutschland und Amerika arbeitet Roland Petit endlich für das Pariser „Théatre National Populaire“, wo er Ende 1963 mit Zizi Jeanmaire eine große Show veranstaltet.

Jean Babilée, der aus einer Künstlerfamilie stammt, stellt seine Intelligenz und sein Temperament in den Dienst Terpsichores. Nachdem er *L'Amour et son amour* und *Till Eulenspiegel* für das Ballett der Champs-Elysées gestaltet hat, stellt er mit *Sable* und *Balance à trois* seine eigene Truppe vor. 1956 macht Jean Babilée in einem apokalyptischen Bühnenbild, das die Dekadenz der Zivilisation darstellt, die erstaunlichsten Sprünge: Das Ballett heißt *Caméléopard* und wurde nach einer Musik von Henri Sauguet choreographiert. Obwohl dieses Werk nur einen Achtungserfolg erringt, sind seine Qualitäten doch unbestreitbar.

Janine Charrat gründet nun ihrerseits eine Truppe, welche die ganze Welt bereist.

Sie wurde in Grenoble geboren und stellte im Alter von zwölf Jahren die kleine Ratte in dem Film *Der sterbende*

*Carmen.
Zizi Jeanmaire
und Roland Petit*

*Deuil en 24 heures.
Bühnenbild*

*Deuil en 24 heures.
Serge Perrault
und Colette Marchand*

Voilà l'homme.
Maurice Béjart

Haut Voltage
(Hochspannung).
Ballett von
Maurice Béjart

Schwan dar. Im Ballett der Champs Elysées war sie Partnerin von Roland Petit und stellte sich – im Alter von zwanzig Jahren – mit *Jeu de cartes* als Choreographin vor. Ihre Schöpfungen enthüllen eine starke Persönlichkeit, einen unabhängigen Charakter, erfinderisches Genie und Wagemut. Sie wird an die Oper von Amsterdam berufen, um dort den *Tanz Oberons* von Weber einzustudieren. Dann wird sie an die Berliner Oper berufen, wo sie 1949 bei der Inszenierung von *Abraxas* mitwirkt, und 1952 studiert sie anläßlich des Florentiner Maifestes die *Armida* von Rossini ein.

Abraxas, dessen Handlung Goethes Drama entnommen wurde, stellt das Ringen Fausts dar, welcher der grausamen Archiposa entkommen ist und sich der zarten Margarete zuwenden möchte. Die nach der Musik von Werner Egk geschaffene Choreographie Janine Charrats hat großen Erfolg.

1951 tritt die Truppe von Janine Charrat zum erstenmal in ihrer Heimatstadt auf. Ihr gehören junge, dynamische Talente an: Milorad Miskowitsch, René Bon, Ethery Pagawa und Maria Fries. 1952 führt sie *Le Massacre des amazones* auf. Dieses sowohl von Poesie als auch heftiger Gewalt erfüllte Ballett stellt den gnadenlosen Kampf einer Gruppe stolzer Amazonen gegen drei kühne Pferde dar.

Nach *La Danseuse de Degas* führt die junge Choreographin *Algues* auf, ein seltsames Ballett, das den Zuschauer in die Welt der Irren führt. Die bedrückende halluzinierende Atmosphäre wird durch eine etwas wirre Choreographie verstärkt, die sich nach quälenden Klangeffekten richtet. Das durch dieses ungewohnte Schauspiel verwirrte Publikum hat heftige Reaktionen. Doch hat Janine Charrat einen neuen Stil geschaffen, von dem Béjart bei seinen künftigen Schöpfungen höchstwahrscheinlich ausgeht.

Im Verlauf ihrer Tourneen durch die ganze Welt wird ihr überall derselbe warme Empfang bereitet. 1957 begründet sie im Rahmen der künstlerischen Dezentralisierung Frankreichs die „Nouveaux Ballets de Janine Charrat“. Heute ist sie Ballettmeisterin und Choreographin im *Grand Théâtre* von Genf.

Dann tritt Maurice Béjart auf den Plan. Er stammt aus Marseille, arbeitet an der Tanzschule der Oper und gründet anschließend mit Jean Laurent die „Ballets de l'Etoile“. 1955 kreieren sie *La Symphonie pour un homme seul* – mit

PIERRE SCHAEFFER
PIERRE HENRY

konkreter Musik von Pierre Schaeffer und Pierre Henry –: in dem sich der moderne, im gehetzten Leben unserer Zeit gefangene Mensch endlich seiner Einsamkeit gegenübergestellt sieht. Dieses harte, gewalttätige und grausame Ballett, das die Abgründe unserer Gesellschaft darstellt, ist das Ballett der heutigen Generation.

Mit *Haut Voltage* führt Béjart dieses Thema weiter: Ein junger Mann versucht den Künsten einer modernen Zauberin zu entkommen, doch diese setzt ihn einem Hochspannungsstrom aus, der eigentlich die von ihr beneidete Verlobte töten sollte. Dieses Ballett erinnert an utopische Romane, und die an- und ausgehende Beleuchtung sowie die konkrete Musik verstärken noch die mechanische und drückende Atmosphäre des Werkes.

1956 führt Béjart *Prometheus* auf: Der athletische, übermenschliche, dramatische Milorad Miskowitsch ist ein unvergleichlicher Feuergott.

1958 studiert er *Orphée* ein, eine Übertragung der berühmten Sage des thrakischen Sängers. Dieses exotische Ballett geht von der konkreten Musik Pierre Henrys aus.

Maurice Béjart, der sich als Choreograph der Avantgarde zu erkennen gibt, studiert noch im Theater der Nationen *Le Sacre du printemps* ein und für die Pariser Oper *Fausts Verdammnis,* womit er heftige Kontroversen erregt.

Paris ist zum Mittelpunkt des Tanzes geworden. Das unter Leitung von M. A. Julien stehende Theater der Nationen und das von J. Robin im Theater der Champs--Elysées angeregte Internationale Tanzfest ermöglichen künstlerische Vorführungen ersten Ranges, bei denen die berühmtesten Truppen auftreten.

← *Claire Motte*

Rudolf von Laban

XV Deutscher Expressionismus und klassischer Tanz

Die Ursprünge des deutschen Expressionismus liegen in ferner Vergangenheit.
Hier begegnet man den Namen großer Neuerer: François Delsarte, der im 19. Jahrhundert eine vollkommene Analyse der Gesten und Bewegungen des menschlichen Körpers ausführte, und Emile-Jacques Dalcroze. Letzterer wurde 1865 in Wien geboren, ließ sich 1910 in Deutschland nieder, wo er im Institut von Hellerau sein euryhtmisches System lehrte. Nach ihm waren Gymnastik, Rhythmik und Solfeggien die Grundlagen des physischen und moralischen Gleichgewichtes. Seine Methode, den rhythmischen Sinn zu entwickeln, bestand darin, die Töne in körperliche Bewegungen zu übertragen. Übrigens schuf Djaghilew sein Ballett *La Sacre du printemps* nach einem Aufenthalt bei Dalcroze, wahrscheinlich von seinen Ideen beeinflußt. Dieses Ballett war etwas „regelwidrig", denn, wie verschiedene Zuschauer behaupteten, tanzte man mit den Füßen *en dedans*.
Zur selben Zeit war ein junger ungarischer Tänzer, Rudolf von Laban (geb. 1879), nach kurzer Tätigkeit an der Pariser Oper, Lehrer in München, Zürich, Hamburg und dann Choreograph der Berliner Oper. Seine Methode war, das Gefühl der Geste unterzuordnen. Quelle der ausdrucksvollen Bewegung war also ein starkes rhythmisches Empfinden. Seine beiden berühmten Schüler waren Mary Wigman und Kurt Jooss. Laban brachte übrigens seine Methoden auch praktisch zur Anwendung und studierte für verschiedene Theater Ballette ein, u. a. *Rosario, Prometheus, Don Juan, Aschenbrödel* und *Der Zauberer.*

Nach 1920 läßt er sich in Hamburg nieder, wo er seine bedeutendsten Werke schafft. Zuerst studierte er Ballette ohne Musik ein: *Agamemnon, Die Nacht, Don Juan.* Anschließend machte er von Schlaginstrumenten und bald von einer speziell für seine Ballette komponierten Musik Gebrauch. Zum Schluß übernahm er jedoch Partituren, die ursprünglich für choreographische Werke geschrieben worden waren, und ging somit im Vergleich zu anderen Choreographen den umgekehrten Weg.
Während des zweiten Weltkrieges flüchtete er nach England und arbeitete in Manchester als Pädagoge für Heilgymnastik. Er ist auch Erfinder einer neuen Tanzschrift, der *Cinétographie*, die in Amerika und Rußland viel angewandt wird. Labans Theorien stellen die Quelle des modernen Ausdruckstanzes dar.

Mary Wigman war zuerst Schülerin von Dalcroze, aber da dieser Meister sich mehr mit Musik als mit Tanz befaßte, ging sie nach München zu Laban.
1912 führte sie das Tanzsolo *Die Hexe* auf, ein für jene Zeit sehr revolutionäres Ballett, das ganz durch ihre starke Persönlichkeit markiert war.
Nach dem Waffenstillstand von 1918 gingen Lehrer und Schülerin getrennte Wege: Laban arbeitete als Theoretiker, Mary Wigman wurde Tänzerin.
1925 gründet Mary Wigman eine eigene Truppe und geht auf Tournee. Ihre Gastspielreisen führen sie mit Kreutzberg, Georgi, Palucca u. a. bis nach Amerika.
Ihr Bestreben war, den Tanz von der Musik zu befreien, um sehr nüchterne und reine Empfindungen auszudrücken. Ihre weitverbreiteten Ideen fanden vor allem in Deutschland, der Schweiz und Amerika fruchtbaren Boden.
Heute ist sie Tanzpädagogin und arbeitet in Deutschland und der Schweiz.

Mary Wigman

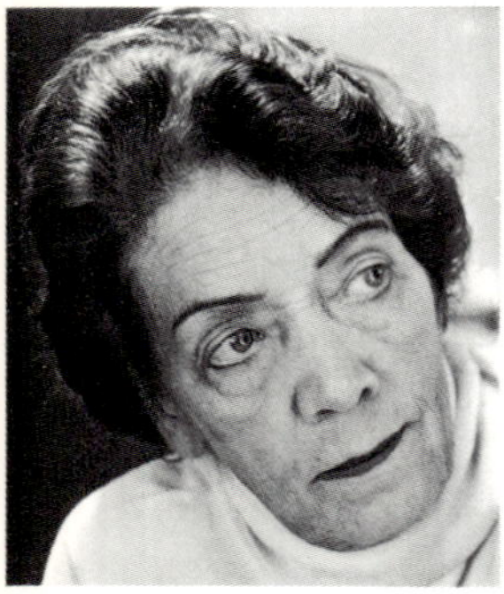

Kurt Jooss, ein anderer Schüler Labans, stammte aus Württemberg. Bereits in jungen Jahren studierte er am Stuttgarter Musikkonservatorium Gesang, Klavier und Harmonielehre. 1920 lernte er Laban bei einem Lehrgang über Schauspielkunst kennen und arbeitete mit ihm drei Jahre lang als Assistent und erster Tänzer. Im Juni 1924 bekam er ein Engagement am Theater von Münster, wo er gleichgesinnten

Mary Wigman bei der Arbeit

Künstlern begegnete: Aino Siimola, Sigurd Leeder und Fritz Cohen. Mit ihnen stellte er unter dem Namen „Neue Tanzbühne" eine Truppe zusammen.
1926 führte Jooss eine Reihe von Balletten auf, zu denen er selbst das Libretto geschrieben hatte. Im folgenden Jahr gründete er das „Folkwang-Tanztheater-Studio". Nachdem er an der Essener Oper die Stelle eines Regisseurs der Tanzgruppe erhalten hatte, führte er dort seine eigenen Schöpfungen auf. Der Erfolg war so groß, daß ihn das Theater fest anstellte.
1932 kam seine Truppe zum choreographischen Wettbewerb der internationalen Tanzarchive nach Paris. Mit *Der grüne Tisch* – Musik von Cohen – erhielt Jooss den ersten Preis. In diesem Ballett tritt eine Gruppe glatzköpfiger, bärtiger

Kurt Jooss

Diplomaten auf, die mit viel Geschrei eine Beratung abhalten. Die Diskussion wird von Revolverschüssen beendet. Die kleine Truppe führte Tourneen in Deutschland, Belgien, Holland und dann durch die ganze Welt aus.
Kurt Jooss' Stil ist stark von Labans Theorien beeinflußt, machte aber trotzdem vom klassischen Tanz Gebrauch. Seine Werke gehen stets von einem sozialen oder dramatischen Thema aus. Zu den ursprünglichsten seiner Ballette gehören *Ball in Altwien, Die Großstadt* und *Der Spiegel.*
1948 löste Jooss seine Truppe auf und gründete ein Jahr später in Essen eine Tanzschule, die heute etwa siebenhundert Schüler zählt.

Der aus Böhmen gebürtige Harald Kreutzberg (geb. 1902) war ein Schüler Mary Wigmans. Zuerst wurde er von dem Ballettmeister Max Terpis als Tänzer nach Hannover engagiert und anschließend gehörte er der Berliner Staatsoper an. Er tanzte *Pulcinella, Renard, Die Spielzeugschachtel* u. a.
1927 engagierte ihn Max Reinhardt für *Turandot* und ein Jahr später für den *Sommernachtstraum* bei den Festspielen von Salzburg. Nachdem er mit Max Reinhardt in New York eng zusammengearbeitet hatte, ging er mit Ruth Page auf Tournee durch die Vereinigten Staaten und Kanada, anschließend tanzte er wieder als Solist und bot eigene Schöpfungen dar.
Kreutzbergs im wesentlichen dramatische und humoristische Kunst vereinigt diese beiden Elemente zu überraschenden grotesken Effekten.

Yvonne Georgi, eine andere Schülerin der Wigman, wurde in Sachsen geboren. Zuerst studierte sie in Besançon in Frankreich und danach in Leipzig. Anschließend gehörte sie Dalcrozes Schule in Hellerau an und danach der von Mary Wigman und dem klassischen Meister Victor Gsowsky. 1930 tanzte Yvonne Georgi als Solistin bei Jooss und trat mit Harald Kreutzberg in Europa und den Vereinigten Staaten auf. Als Ballettmeisterin war sie zuerst in Deutschland, dann in den Niederlanden tätig und gründete 1936 in Amsterdam eine Schule und später eine Truppe, mit der sie 1939 in den Vereinigten Staaten auf Tournee ging. 1941 wurde sie von der Städtischen Oper von Amsterdam engagiert, wo sie *Coppélia, Pulcinella, Nußknacker* und

Bolero einstudierte. Zur Mitarbeit zog Yvonne Georgi nun klassische Choreographen heran, u. a. Victor Gsowsky und Nicolas Orloff, die ihre künftigen Schöpfungen nachhaltig beeinflußten. Sie entfernte sich vom deutschen Expressionismus, um zu einem akedemischeren Stil zurückzukehren.
Zwischen den Anhängern der klassischen Schule und denen des freien Tanzes kam es zu einem langen heftigen Kampf. Dem Anschein nach kann man nicht expressionistischer Tänzer werden, ohne vorher den klassischen Tanz studiert zu haben, während das Gegenteil durchaus möglich ist; so bereicherten George Balanchine und Jerome Robbins ihre klassischen Kompositionen durch freie Tanzfiguren.

Nach dem zweiten Weltkrieg war das Publikum so begierig, Ballette zu sehen, daß die ersten choreographischen Schauspiele trotz ihres klassischen Stils mit Begeisterung aufgenommen wurden. Den gekränkten Parteigängern des freien Tanzes blieb nichts anderes übrig, als vorsichtig das Feld zu räumen. Doch hat der mehr von der Psychoanalyse als von der Ästhetik ausgehende expressionistische Tanz in Deutschland einen ständigen Einfluß ausgeübt. Selbst die Oper ist diesen Weg gegangen.

Dora Hoyer, eine in Deutschland hochgeschätzte Tänzerin, arbeitete sehr aktiv mit dem Regisseur Günther Rennart zusammen, der Pantomime und Choreographie eng miteinander verband. Wieland Wagner hat in Bayreuth und München die Chöre der Opern Wagners und Glucks nach den Prinzipien Rudolf von Labans und Mary Wigmans gestaltet. *Jeanne au bûcher*, das Gedicht Claudels, zu dem Honegger die Musik schrieb, stellt im Nachkriegsdeutschland ein charakteristisches Beispiel dieser Entwicklung dar. Junge Regisseure haben sich dieser Richtung angeschlossen: Oscar Fritz Schuh, Fred Schroer, Hans Schweikart.

Der akademische Tanz wurde in Deutschland hingegen durch das unermüdliche Wirken von Victor Gsowsky und seiner Frau Tatjana Gsowsky gefördert.
Gsowsky, der an der Berliner Oper Tanzlehrer und Ballettmeister war, hat zahlreiche Tänzer und Tänzerinnen ausgebildet. An begabten Kräften war kein Mangel: Suse Preisser, Gisela Deege, Franz Bauer, Liana Müller, Haill

Herber, Lilo Herbert, Nika Sauftleben, Marga Rues, Rainier Höhermann, Gert Reinholm, Ladislaw Hansler, Harald Horn u. a. Alle diese Künstler traten in Opern und Operetten auf, veranstalteten aber auch von einem Kennerpublikum hochgeschätzte Ballettabende.
Als Choreographin hat Tatjana Gsowsky in Deutschland Werke geschaffen, die ihren Namen auch im Ausland bekannt machten.
Zu ihren besten Werken gehören: das *Concerto grosso* von Händel, die *Symphonie fantastique* von Berlioz, *Till Eulenspiegel, Don Juan, Hamlet, Noble Vision,* die *Pantomime,* die *Chinesische Nachtigall* und *Joan de Zarissa.*
Expressionistischer und klassischer Tanz wetteifern miteinander, verbinden und ergänzen sich. Obwohl sie sich manchmal zu versöhnen scheinen, wenden sie sich doch weiterhin an ein sehr unterschiedliches, aber aufnahmefähiges Publikum.

Le Sacre du Printemps (Das Frühlingsopfer). Choreographie von Mary Wigman

Der Schwanensee.
Szene II

XVI Das Ballett in England

Richardson

Das wegen seines unerschütterlichen Phlegmas bekannte britische Volk hat für den Tanz stets ein großes Verständnis bewiesen.
Théophile Gautier berichtet von der Begeisterung, welche die unvergeßlichen romantischen Ballerinen in London erregten: Marie Taglioni, Carlotta Grisi und Fanny Cerrito.
Seit dem viktorianischen Zeitalter standen den Balletten zwei Londoner Theater zur Verfügung: das Alhambra und das Empire. Dort triumphierten die berühmten Ballerinen: Pierina Legnani, Judith Espinoza, Catherina Geltzer und der russische Tänzer Tichomirow.
Als Anna Pawlowa gegen 1911 nach England geht, bereichert sie dort ihre Truppe mit jungen Tänzerinnen. Nach der russischen Revolution von 1917 lassen sich verschiedene ausländische Künstler auf der britischen Insel nieder: Legat, Astafiewa, Cecchetti. Diese drei Lehrer bilden ausgezeichnete Tänzer aus – u. a. Vera Sawina, Alicia Markowa und Anton Dolin –, die auch Djaghilews Russischem Ballett angehörten.
Der Aufschwung, den das Ballett in England nehmen sollte, geht jedoch auf Adeline Genée, eine mit einem Engländer verheiratete dänische Tänzerin und Star des Empire zurück. Mit einer Liebhabertruppe gründet sie die Camargo Society und die Royal Academy of Dancing, deren Vorsitzende sie bis 1954 bleibt.
Drei bemerkenswerte Mitarbeiter unterstützen sie bei der Aufgabe, das britische Ballett zu erneuern.
Der kürzlich verstorbene Richardson gründet und leitet die *Dancing Times*. Von 1910 bis 1930 leitet er die Tanzmatineen im West End Theater, wo Mary Wigman, Camille Bois,

Tamara Karsawina, Vera Trefilowa, Alicia Markowa und Anton Dolin auftreten. Richardson begründet auch 1920 mit Hilfe von Eduard Espinoza und Adeline Genée die Royal Academy of Dancing. An dieser Schule, die seit 1928 unter dem Patronat der Königinmutter Elisabeth und ab 1953 unter dem von Elisabeth II. steht, können Schüler aus aller Welt ein Diplom erwerben. Die Camargo Society geht ebenfalls auf Richardson zurück.

Cyril Beaumont

Cyril Beaumont, ein Verleger und Ballethistoriker, übernimmt mit Idzikowsky, einem ehemaligen Schüler Cecchettis, die Verbreitung der Methode dieses Meisters. Zu den Begründern der Camargo Society gehört noch Arnold Haskell, ein Schriftsteller und Tanzkritiker.

Aufgabe dieser Truppe, in der sich Ballettliebhaber und Leiter verschiedener Tanzklubs zusammengefunden haben, ist es, Tanzvorstellungen im Abonnement zu bieten. Teilnehmer sind Marie Rambert und Ninette de Valois. 1936 wird die Camargo Society aufgelöst und ihr Repertoire vom Vic-Wells-Ballett übernommen (einer Truppe, die abwechselnd im Old Vic und Sadlers Wells auftritt).

Marie Rambert – eigentlich Myriam Ramberg – ist eine Polin. Diese ehemalige Schülerin von Jacques Dalcroze und Enrico Cecchetti ist ebenfalls eine Vertreterin des klassischen Tanzes. 1931 gründet sie den „Ballet Club", aus dem bald das Ballett Rambert wird. Diese Truppe widmet sich vor allem der Förderung junger Talente und bezieht ein kleines, bescheidenes Theater, das Mercury, das somit eine Art Versuchsbühne für junge Tänzer und Choreographen wird: Frederik Ashton, Antony Tudor und Andrée Howard.

Arnold Haskell

Marie Rambert tanzt 1926 selbst in der Revue *Riverside night* des jungen Ashton die *Tragedy of fashion.* Ninette de Valois gibt dem Ballett Rambert einen glänzenden Spielplan: *Bar in den Folies-Bergères,* nach dem berühmten Bild von Manet, von Alicia Markowa getanzt; *Mephisto-valse,* für den Frederik Ashton die Choreographie schrieb, *Lilac Garden,* ein verliebtes *Chasse-croisé* der „Belle Epoque". 1936 entdecken die Londoner Pearl Argyle eine glänzende Schönheit, sowie June Brae und Margot Fonteyn.

Zwei Jahre später führt das Ballett Rambert zwei Werke Antony Tudors auf: *Judgement of Paris* und *Gala performance.* Letzteres stellt eine Satire der Welt des Tanzes dar,

verspottet die kleinlichen Eifersüchteleien der Künstler und karikiert die verschiedenen Stile der internationalen Tanzschulen. Während des letzten Weltkrieges verbindet sich das Ballett Rambert mit anderen Truppen und setzt seine Tätigkeit unter erschwerten Umständen fort. Auf den Spielplan kommen *La Fugitive* und *Carnival of animals* von Andrée Howard, die es im Verlauf seiner Tourneen in verschiedenen Grafschaften sehen läßt.
Am Kriegsende kehrt das Ballett Rambert zum Mercury-Theater zurück und nimmt dort sein klassisches Repertoire wieder auf. 1947 geht die Kompanie unter dem Patronat des British Council nach Australien und Neuseeland. Neue Talente treten auf: Belinda Wright, Paula Hinton, John Gilpin.

Marie Rambert

Walter Gore, ein Schüler von Marie Rambert, studiert *Antonia* ein, das 1949 mit der Musik von Sibelius uraufgeführt wird, dann folgt *La Vie et la Mort de Lola Montez*, Musik von Verdi, und *Variations* nach einem Thema von Britten. Heute hat das Ballett Rambert seinen Stil etwas modernisiert und führt Werke von Norman Morriss auf. Die letzten „Entdeckungen" von Marie Rambert sind Lucette Aldous und June Sandbrook.
Die Truppe tritt in den bedeutendsten Theatern der englischen Hauptstadt, vor allem im Sadler's Wells auf und ist bei verschiedenen Festspielen in England und anderen Ländern zu sehen.

Die Irländerin Ninette de Valois heißt mit bürgerlichem Namen Edris Stannus. Sie ist eine Schülerin von Espinoza und Cecchetti, 1914 debütiert sie in London in einer Pantomime.
1922 hat sie als Partner Lopokowa und Massine, 1923 gehört sie zu Djaghilews Truppe. 1925 tanzt sie mit Dolin am Coliseum Theatre, arbeitet 1926 wieder mit Djaghilew, den sie jedoch im selben Jahre verläßt. Sie wird als Regisseur vom Theatre Festival von Cambridge und dann vom Theater der Abbaye in Dublin engagiert. Bei ihrer Rückkehr nach London eröffnet sie eine eigene Tanzschule.
Lilian Baylis, die Direktorin des Old Vic Theaters, bittet sie, die Choreographie der getanzten Intermezzi der in ihrem Theater aufgeführten Opern zu schaffen.

Sir Frederick Ashton

Jetzt beginnt die außergewöhnliche Karriere der Ninette de Valois.

1928 bringt ihr die Neuinszenierung von *Les Petits Riens* den Ruhm. Dann folgt *Danse sacrée et profane.*

Von 1932 bis 1935 arbeitet sie mit Alicia Markowa, Frederick Ashton und Margot Fonteyn. Nachdem sie die Leiterin der Vic-Wells-Ballette geworden ist, beruft sie junge Talente: Appleyard, Moreton, Newton, French, Dolin, Judson als Gastspieler; Helpmann als Tänzer-Choreograph und Regisseur, Ashton als Tänzerchoreograph.

Checkmate, ein klassisches Ballett, evoziert eine unerbittliche Schachpartie, in der sich die gefährliche schwarze Königin und der kühne rote Ritter bekämpfen; *Das Leben eines Wüstlings,* eine von Hogarths Bildern inspirierte Tanzpantomime, ist ein weiteres Werk von Ninette de Valois.

John Gilpin und Violette Verdy

Nathalie Krassowska

Ashton studiert *Die Schlittschuhläufer* ein, eine Bilderfolge mit echt britischem Humor, *Fassade,* eine amüsante Phantasie, und *Horoscope.*
1940 wird die Truppe auf dem Kontinent vom Krieg überrascht, gelangt aber trotzdem im nächsten Jahr wieder nach England, wo sie ihre Ballettsaison vorerst im New Theater darbietet. Im Verlauf dieser verworrenen Zeit treten Margot Fonteyn und Robert Helpmann als neue Stars hervor, auch die tänzerischen Gaben von Beryl Grey, Moira Shearer, Julia Farron, Margaret Dale sind nicht mehr zu verkennen.
1945 spaltet sich das Vic-Wells-Ballett in zweiGruppen: Die Schauspieler bleiben im Old-Vic-Theater, während das Ballettkorps endgültig zum Sadler's Wells geht und den Namen Sadler's Wells Ballett annimmt.
1946 eröffnet diese Truppe mit *Dornröschen* die Saison im

Giselle. Swetlana Berisowa

Nußknacker. Alicia Markowa und Anton Dolin

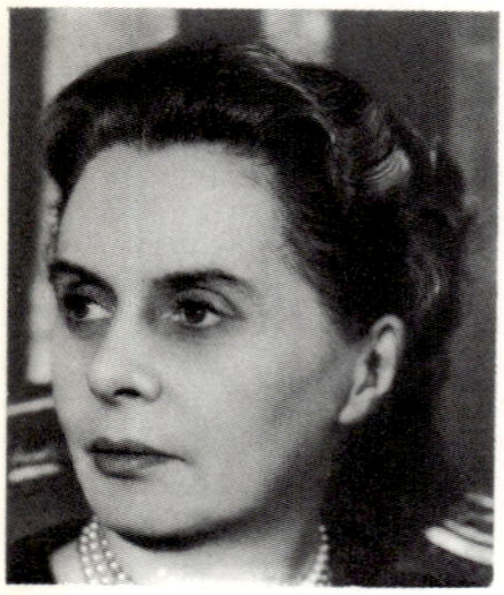

Ninette de Valois, Begründerin des Royal Ballet

Covent Garden. Die Originalchoreographie Petipas wurde von Frederick Ashton und Ninette de Valois neu einstudiert. Die Hauptrolle übernahm Margot Fonteyn.
Zuerst gibt das Sadler's Wells Ballett rein klassische Werke, wendet sich aber nach und nach einem mehr typisch „englischen" Stil zu.
1946 führt Frederick Ashton sein Hauptwerk auf: *Symphonic Variations.* Die Partitur dieses Balletts, das sich durch Adel und Reinheit auszeichnet, schrieb César Franck, die Bühnenbilder schuf Sophie Fedorowa. 1948 studierte der junge Choreograph *Ballettszenen* nach der Musik Strawinskys ein, den Hintergrund malte Beaurepaire. Im selben Jahr führt er *Don Juan* von Richard Strauss auf und endlich *Cinderella* von Prokowjew.
Ashton ist der ständig wachsende Erfolg des Sadler's Wells Balletts im wesentlichen zu danken. Nachdem Ninette de Valois ausgeschieden war, wurde er übrigens der alleinige Direktor. Noch eine andere englische Choreographin, Andrée Howard, eine ehemalige Schülerin der Preobajenskaja und der Trefilowa, sollte mit dem Sadler's Wells Ballett Ruhm erringen. Ihre Feinheit und Empfindsamkeit kommen vor allem in *Assembly Ball* (Musik von Bizet) und *A Mirror for Witches* zur Geltung.
Im Sadler's Wells Ballett treten bald Massine, Danilowa, Franklin, Dolin und Markowa auf. Die größte Tänzerin des englischen Balletts ist aber immer noch Margot Fonteyn. Neben ihr gewinnen andere Tänzer die Gunst des Publikums: Swetlana Beriosowa, Doreen Wells, Nadia Nerina, Christopher Gable, Donald Macleary, David Blair, und als letzter stößt Rudolph Nurejew zur Truppe, den man bereits als einen zweiten Nijinsky ansieht.
1957 erhält das Sadler's Wells Ballett durch eine königliche Charte den neuen pompösen Namen „Royal Ballet".

Das von Anton Dolin und Alicia Markowa begründete „London's Festival Ballet" hat sich um den Tanz ebenfalls großes Verdienst erworben. Die zuerst nur aus wenigen Mitgliedern bestehende Truppe vergrößert sich rasch und eröffnet am 24. Oktober 1950 die erste Londoner Saison im Stoll-Theater im Rahmen der „Gala Performance of Ballet". Die Engländer spenden dem glänzenden Schauspiel stürmischen Beifall.

Margot Fonteyn und Nurejew →

Anton Dolin zieht berühmte Tänzer heran: Nathalie Krassowska, John Gilpin und verschiedene talentierte Solisten. Für außergewöhnliche Vorstellungen nimmt er internationale Künstler in seine Truppe auf: Alexandra Danilowa, Yvette Chauviré, Tamara Tumanowa, Mia Slawenska, Colette Marchand, Janine Charrat usw.

Das „London's Festival Ballett" gibt Aufführungen in der Royal Festival Hall von London und stellt sich mit seinen jungen Talenten in der ganzen Welt vor: Belinda Wright, Toni Lander, Marilyn Burr, Flemming Flindt, Anita Landa usw.

Alle diese ausgezeichnet organisierten Truppen bleiben trotzdem ein wenig isoliert, die aus dem Ausland kommenden Neuerungen nehmen sie – vielleicht mit Recht – nur zögernd auf.

Die Aufführungen großer Tänzer finden vor äußerst nüchternen Bühnenbildern statt, deren Schmucklosigkeit nicht auf ein Bestreben nach Originalität, sondern auf eine gewisse künstlerische Gleichgültigkeit zurückgeht. Diese etwas trockenen und kalten klassischen Ballette orientieren sich jetzt nach einem moderneren Stil.

La Somnambule
(Die Schlafwandlerin)

Night Shadow. Finale

Flammen von Paris.
Kirow-Theater,
Leningrad

XVII Das sowjetische Ballett

Alexander Gorsky gehört bereits vor dem Ausbruch der Revolution zur Avantgarde des sowjetischen Balletts.
Er war zuerst Tänzer, dann Lehrer und wurde 1896 vom Marinsky-Theater als Ballettmeister engagiert.
Kultiviert, für Musik und Malerei begeistert, unternehmungslustig, führt er bei den Kaiserlichen Balletten das System eines Tanzschrittes ein, den er mit Wladimir Stepanow ausgearbeitet hatte.
Nachdem er 1899 Ballettmeister am Bolschoj-Theater geworden ist, versucht er seine Methode anzuwenden und bricht mit allen Regeln, in denen das Ballett erstickt. Er will dem Leben einen Platz geben, Realismus und Bewegung durchzusetzen, wogegen sich Petipa empört auflehnt.

Auf Alexander Gorskys Aufenthalt in Moskau geht die Begründung des Stanislawsky-Theaters zurück, wo man von ganz neuen Inszenierungsmethoden Gebrauch macht.
Was verdankt man Gorsky? Eine erneuerte Version von *Don Quichotte, Notre-Dame de Paris, Salammbô* und *L'Amour va vite* von Glazunow. 1911 studiert er den *Schwanensee* in einer neuen Version ein, die dem Ballettkorps größere Freiheit läßt und die Charaktertänze des ersten und dritten Aktes hervorhebt. 1923 schafft er seine letzte Choreographie nach der Szene im Venusberg *(Tannhäuser)* von Wagner.
Nach der mißlungenen Revolution von 1905 werden die kaiserlichen Behörden durch den in Moskau herrschenden revolutionären Geist dazu bestimmt, die Schauspielschule des

*Übungen.
Moskauer Theater*

Bolschoj-Theaters aufzulösen. Trotz dieses Verlustes erringen hochbegabte Künstler an der Moskauer Schule ein Diplom: Michel Mordkin und Alexander Volonin, die ihre Laufbahn außerhalb ihres Heimatlandes verfolgen werden. Zur Zeit der Revolution bilden später andere Tänzer mit Gorsky die Stammtruppe des Bolschoj-Theaters: Vera Karalli, Sophie Fedorowa, Victorina Krieger, Wassili Tichomirow und Catherina Geltzer.

1917. Selbst nach dem Fall des Winterpalastes und dem Sieg der bolschewistischen Revolution am 7. November besteht die Ballettschule von Leningrad noch weiter fort.

Das Marinsky-Theater tauscht seinen Namen gegen einen anderen, kälteren und feierlicheren ein: Staatliches Opern- und Balletttheater, woraus später, zur Erinnerung an einen ermordeten Revolutionär, Kirow-Theater wird. Obwohl sich die Ideologie gewandelt hat, sind Ballettkorps und Stil unberührt geblieben.

Unter diesen dramatischen Umständen können viele russische Künstler im Ausland nicht daran denken, in die Heimat

Romeo und Julia. Juri Idanow

Schwanensee. Constantin Sergejew

zurückzukehren. Doch treten auch dort nach und nach große Tänzer hervor.
Agrippina Waganowa, die Schülerin großer Meister, wendet sich der Pädagogik zu. Nachdem sie Lehrerin am Leningrader Konservatorium geworden ist – eine anspruchsvolle und strenge Lehrerin –, weist sie ihre Schüler vor allem auf die Bedeutung der *enchaînements* hin. Von ihren Schülern sind zu erwähnen: Marina Semenowa, sowjetische Primaballerina, Galina Ulanowa, Nathalie Dudinskaja, Tatjana Vezeslowa, Alexei Ermolajew, Wachtang Kabukiani und Constantin Sergejew.
Der Name von Kassian Goleizowsky ist eng mit dem der Waganowa verbunden. Er war zuerst Lehrer am Kirow-Theater, dann am Bolschoj-Theater, und hat den klassischen Tanz bereichert, indem er neue Bewegungen und akrobatische Figuren einführte. Sein bedeutendster Schüler war George Balanchine.
Wenn auch das Kirow-Theater von Leningrad und das Bolschoj-Theater von Moskau nicht wahrhaft miteinander

rivalisierten, so war ihre Auffassung des Balletts jedoch recht unterschiedlich. In Moskau war die Disziplin nicht so streng. In Leningrad gab man boshafterweise vor, daß die Tänzer des Bolschoj die Tradition melodramatischen Effekten opferten, und in Moskau, daß die Tänzer des Kirow geschraubt und ausdruckslos wären.

Welche Werke wurden von den beiden großen sowjetischen Bühnen geschaffen, und welche davon gehören zur Grundlage des heutigen Repertoires?

Gegen 1920 sind für das choreographische Theater der UdSSR recht verworrene Ballette kennzeichnend, die von den neuen Stilrichtungen – Futurismus, Konstruktivismus usw. – ausgehen.

Roter Mohn – 1926 in Moskau uraufgeführt – ist das charakteristische Ballett der revolutionären Ideologie. Es wurde von Tichomirow und Laschkilin einstudiert, und die Handlung spielt sich im zeitgenössischen China ab. Die Rolle der Tänzerin Tao Hoa wurde von Catherina Geltzer verkörpert. Die 1932 im Kirow-Theater aufgeführten *Flammen von Paris* gehen wieder von einem revolutionären Thema aus, das sich diesmal jedoch in Frankreich abspielt: der Sieg des von der Carmagnole geführten Volkes von Paris im Jahre 1792. *Die Fontäne von Bachtschissarai* (1934) stellt nach einer Novelle Puschkins eine bewegende Liebesgeschichte dar, die durch schwungvolle tartarische Tänze belebt wird.

Die steinerne Blume. Inna Zubkowskaja

Einige Jahre später erreicht das sowjetische Ballett mit *Romeo und Julia* seine Apotheose. Galina Ulanowa und Konstantin Sergejew verkörpern die unglücklich Liebenden nach der Musik Prokowjews und der Choreographie Lawroskys. Lyrische und poetische Szenen wechseln mit edlen Hoftänzen und malerischen Volkstänzen ab, welche die Russen mit erstaunlicher Kraft interpretieren. Dieses Ballett ist beim Theater wie auch beim Film das Meisterwerk der russischen Choreographie geblieben. Zur selben Zeit macht ein junger Choreograph von sich reden: Vachtang Kabukiani, dessen erstes Hauptwerk, ein georgisches Ballett, *Im Herzen der Berge*, nach der Musik von Andreas Balanchiwadze, dem Bruder von George Balanchine, einstudiert wurde. Sein zweites großes Ballett, *Laurencia*, das 1939 uraufgeführt wurde, geht von Lope de Vegas Drama *Fuenteovejuna* aus. Beliebter sind *Swetlana* von Klebanow und *Gajane* von Khatchaturian, vor allem aber *Die steinerne Blume*, ein

Ballett, das Prokowjew kurz vor seinem Tode komponierte und das ein Märchen aus dem Ural darstellt. Die Uraufführung fand 1954 im Bolschoj-Theater nach einem Textbuch von Prokowjewa und einer Choreographie von Lawrowsky statt, die Aufführung des Kirow-Theaters im Jahre 1957 erfolgte nach der Choreographie von Jury Grigoriwitsch.

Die sowjetischen Choreographen gingen auch von französischen Autoren aus: *Les Illusions perdues* nach Balzac, *La Petite Fadette* nach George Sand. Im Kleinen Theater der Oper von Leningrad kamen mit *Gavroche Les Miserables* von Victor Hugo auf die Bühne, die Szene des Aufstandes war eine getreue Wiedergabe von Delacroix' berühmtem Bild *Die Freiheit führt das Volk auf die Barrikaden.*

Die unbestrittene Königin des sowjetischen Balletts ist Galina Ulanowa. Ihre Kunst entstand im Zeichen der Revolution. In ihrer Geburtsstadt Leningrad ist ihr Vater Regisseur und

Gavroche. Kirow-Oper, Leningrad

Der Flug der Möwe. L. Alexejewa

Anatol Sapogow.

Spartakus. Theater von Leningrad

die Mutter Tänzerin am Kirow-Theater. 1920 wird die Stadt von Kälte und Hungersnot heimgesucht. Sie ist die mitfühlende Zeugin der erschöpfenden Arbeit der Mutter und weigert sich hartnäckig, Tänzerin zu werden. Aber die rhythmischen Übungen an der Stange ziehen sie an. Sie gibt ihren Widerstand auf und verfällt dem Dämon des Tanzes. In den *Caprices du papillon* stellt sie den bescheidenen Käfer dar,

← La Côte de l'Espérance. (Die Küste der Hoffnung) Szene der Jagd auf die Haifische

Russisches Ballett

dann in *Schneewittchen,* nach der Musik von Rimsky-Korsakow, den Vogel.
Nachdem sie von Waganowa ausgebildet worden ist, verkörpert sie mit achtzehn Jahren die Odile des *Schwanensees,* fühlt sich jedoch noch von ihrer Lehrerin abhängig und wagt nicht, ihrer Persönlichkeit freien Lauf zu lassen. Sie arbeitet ohne Unterlaß, um die Gefühle und Leidenschaften der von ihr interpretierten Gestalten ausdrücken zu können. Die Version Agrippina Waganowas von *Schwanensee* bedeutet für sie den Beginn der künstlerischen Reife, die sich in *Romeo und Julia* voll entfaltet. „Diese Rolle hat mich zehn Jahre Arbeit gekostet", wird sie später eingestehen, denn sie hat sich bemüht, ihre Darstellung ganz im Geiste Shakespeares und Prokowjews zu gestalten. Auch in *Dornröschen* und *Giselle* tritt sie durch ihre unvergeßliche Interpretation hervor. Galina Ulanowa ist der Liebling des russischen Volkes, das ihre Anmut, vollkommene Technik und hohe Empfindsamkeit schätzt.
Unter den zahlreichen Sternen, die das sowjetische Ballett berühmt machten, müssen wir noch Maja Plissetskaja und Nicolaus Fadejetschew, aber auch Rimma Karelskaja, Guennadi Liediatk und Boris Khochlow erwähnen.
Die Moskauer Tanzschule, der sie die Grundlagen ihrer Kunst verdanken, ist in ihrer Art einzig. Die Kinder werden im Alter von neun Jahren aufgenommen, ein Lehrgang dauert neun Jahre.
Die praktische Lehre besteht aus Übungen an der Stange und Entspannungsübungen, dazu kommen noch Vorlesungen über Kunst. Die Schüler werden mit der Literatur und den Charakteristiken alter Tänze vertraut gemacht, damit sie deren ursprünglichen Stil wiederherstellen und sie in ihren historischen Zusammenhang einfügen können. Sie nehmen auch Schauspielunterricht, um sich mit den Anforderungen der Bühnenkunst vertraut zu machen. Um ihr Gefühl für Rhythmus und ihr Gehör zu fördern, erhalten sie auch Musikunterricht. Nach Ende des Studiums werden nur die Spitzenkräfte vom Bolschoj-Theater engagiert. Die anderen gehen an das Kirow-Theater und die Theater von Riga, Nowosibirsk, Odessa u. a. Andere wiederum treten in die Staatlichen Gruppen für Volkstanz ein, vor allem die von Igor Moissejew, die in allen europäischen Hauptstädten auftritt.
Außer dem Kirow und Bolschoj besitzt Rußland heute ver-

schiedene Ballettkorps in den wichtigsten Städten und großen Industriezentren: Gorki, Saratow, Odessa. In der UdSSR gibt es keine privaten Schulen oder Theatergruppen, alle neunzehn Tanzschulen sind dem Staat unterstellt.
Die Stanislawsky-Nemirowitsch-Danschenko-Truppe, die vom Stanislawsky-Theater herkommt, verdient eine besondere Erwähnung. Sie wurde von der Tänzerin Victorina Krieger 1930 begründet und steht unter Leitung des Choreographen Wladimir Burmeister, ihre siebzig Tänzer sind ehemalige Schüler der Bolschoj-Schule: Violetta Bovst, Nina Timofejewa, Sofia Winogradowa, Alla Ossipienko und vor allem Eleonora Wlassowa. Ihre Partner Schischinadze und Kusnetzow sind überall mit Beifall aufgenommen worden.
Die sowjetischen Ballette unterscheiden sich grundlegend von denen des Westens. Textbuch, Musik, Choreographie und Bühnenbild gehen von einer ganz anderen Ideologie aus. Das sowjetische Ballett ist weniger bestrebt, ein schönes Bild zu schaffen, als Gefühle zu erregen, Ideen zu vermitteln. Der Begriff *l'art pour l'art* ist in Rußland unbekannt. *Spartakus*, das vor einigen Jahren in Moskau uraufgeführt wurde, erzählt die Geschichte des Freiheitskämpfers, wie *Flammen von Paris* eine Episode der Französischen Revolution berichtet. Einbildungskraft, die zu Traum und Phantasie anregt, oder symbolische Dramen werden in Rußland als unnötig angesehen: alles muß klar und leichtverständlich erzählt werden.
Auch die klassischsten Ballette sind in diesem Sinne abgewandelt worden. So ist die sowjetische *Giselle* im zweiten Akt nicht mehr ein unwirkliches Phantom, sondern ein entschlossenes junges Mädchen, das durch die alleinige Kraft ihrer Liebe siegt.
Die Choreographie hingegen gibt der Pantomime viel Raum. Dramatische und lyrische Episoden wechseln einander ab, sie werden von *Pas de deux* belebt, in denen die athletischen *portés* von großer Schönheit sind. Zu den Charakterballetten gehören stets mehrere alte Tänze.
Das Bühnenbild wird vollkommen realistisch dargestellt. Die Sowjets meinen, sie könnten keine abstrakten Formen gebrauchen, weil sich die Schauspiele im wesentlichen an das Volk wenden.
Unbestreitbar ist jedoch, daß die sowjetischen Tänzer Meister in der Kunst des Balletts sind.

Amerikanische Ballette

XVIII Das Ballett in den Vereinigten Staaten

In Amerika hat der Tanz eine reiche und wechselvolle Geschichte, die der des entstehenden Landes entspricht.
Die nordamerikanischen Indianer haben einige sehr schöne Volkstänze bewahrt. Die amerikanischen Schwarzen brachten ihrerseits ihre außergewöhnlichen rhythmischen und stilistischen Gaben. Außerdem brachten die Einwanderer nach der Neuen Welt Volkstänze aus Deutschland, England, Schottland, Irland usw., die in das nationale Erbgut eingingen und es durch ihr Lokalkolorit bereicherten.
Die Amerikaner hatten nichts für den akademischen Tanz übrig und zogen als erste gegen ihn zu Feld: Korsetts, Satinschuhe, Gazeröckchen, alle diese Überbleibsel des verjährten romantischen Balletts wurden endgültig abgeschafft.
Vor Isadora Duncan kam auch der Amerikaner Maud Allan in *Salome* von Richard Strauss barfüßig auf die Wiener Bühne und erregte damit einen regelrechten Skandal. Zwischen 1903 und 1917 hatte er seine größten Erfolge, seine Ballette traten in der ganzen Welt auf. Seine letzte Tournee ging nach Ägypten, Malta und Gibraltar.

Ruth Saint Denis, die „first lady" des amerikanischen Tanzes, war die ältere Landsmännin der Isadora Duncan. Sie kam im Staat New Jersey zur Welt und debütierte als Schauspielerin. Nachdem sie den ersten Tanzunterricht erhalten hatte, schuf sie ein Ballett im ägyptischen und ein anderes im hindustanischen Stil. Das letztere wurde 1906 mit von ihr selbst ausgeführten Tanzeinlagen aufgeführt und sehr beifällig aufgenommen. Daraufhin unternahm sie eine Gastspielreise nach Europa, wo ihr derselbe Beifall zuteil wurde.

Nach New York zurückgekehrt, heiratete sie Ted Shawn, der ebenfalls ein Vorkämpfer des freien Tanzes war. Er war 1881 in Kansas City geboren worden und hatte Theologie studiert. Anschließend wandte er sich dem Tanz zu, wurde jedoch durch einen Unfall behindert. Nachdem er wiederhergestellt war, ging Shawn nach Hollywood, um dort eine Tanzschule zu eröffnen. Im Verlauf seiner Reisen begegnete er Ruth Saint Denis. Die von ihnen gemeinschaftlich begründete Schule erhielt den Namen „Denis-Shawn-Schule".
Hier wurden die verschiedensten Stile und Techniken, vom klassischen Tanz bis zu orientalischen und spanischen Tänzen gelehrt. Ihre Mischung ergab einen amerikanischen Stil, den die Yankees vorbehaltlos übernahmen. Die Textbücher der Ballette gingen meist vom Leben der Pioniere im Wilden Westen, den Taten der Konquistadoren und den Rituals der amerikanischen Schwarzen aus.
Ruth und Ted trennten sich 1931. Trotzdem arbeitete Saint Denis weiterhin für die New Yorker Schule. Dann ging sie nach Hollywood, wo sie vor allem Tänze für religiöse Veranstaltungen einstudierte. Im Gegensatz zu Isadora Duncan gab Ruth Saint Denis ihren Schülern, wenn auch keine Technik, so doch eine Lehrmethode, die ihnen die Möglichkeit gab, ihrem Weg zu folgen.
1936 begründet Ted Shawn die „Jacob-Pillow"-Festspiele, wo sich die besten internationalen Truppen auszeichnen.
Schüler der Denis-Shawn-Schule, die ihre Pforten nach zwanzigjähriger Tätigkeit schloß, sind Martha Graham, Doris Humphrey, Charles Weidman, Pauline Lawrence.
Die 1893 in Pittsburgh (Pennsylvanien) geborene Martha Graham besuchte zuerst die Oberschule und schrieb sich mit sechzehn Jahren in der Denis-Shawn-Schule ein. 1924/25 lehrte sie an der Musikschule von Rochester, New York. Nachdem sie *Ein Heldenleben* von Strauss und *Le Sacre du printemps* von Strawinsky getanzt sowie für die Stücke von Katherine Cornell verschiedene Choreographien geschaffen hatte, widmete sie sich der Ausgestaltung ihres eigenen Theaters.
Ab 1929 unternahm sie lange Tourneen über den amerikanischen Kontinent, organisierte Vorstellungszyklen in New York und schuf die Schule Martha Graham für zeitgenössischen Tanz. Mit *Every Soul is a circus* trat sie in ihre persönlichste schöpferische Phase ein. 1940 werden *El Penitente*

und *Letter to the World* zum erstenmal in New York aufgeführt. Weiter stehen auf ihrem Repertoire *Deaths and Entrances, Hérodiade* und *Springtime in the Appalaches,* denen griechisch inspirierte Werke folgen: *Cave of the Heart, The Legend of the Minotaur, Oedipe and Jocaste,* in denen der Tanz durch eine rhythmische Sprache bereichert wird.
Martha Graham hat zwar kein Vokabularium ihrer Tanzschritte und Gesten geschaffen, sie stellte jedoch verschiedene Bewegungsprinzipien und Verhaltungsmaßregeln für ihr eigenes Training und das ihrer Schüler zusammen.
Sie glaubte an die Improvisation, denn die neuen Tanzfiguren entstehen ständig eine aus der anderen und ermöglichen somit die Verwirklichung eines choreographischen Einfalls. Sie ging von einer Situation oder einem Charakter aus, den sie manchmal auf unvorhergesehene Weise entwickelte. Damit übertrug sie psychologische und manchmal auch psychoanalytische Probleme. Sie evozierte auch das mythische Leben des Menschen, seine Bestrebungen, seinen Kampf gegen die Einsamkeit.
Sie tanzte nur ihre eigenen Schöpfungen und zog ausschließlich moderne Musiker heran: Menotti, Copland usw. Indem sie systematisch auf den klassischen Tanz verzichtete, suchte

Night Journey. Martha Graham und Erick Hawkins

sie eher die Bodenberührung und war nicht auf *Élévation* bestrebt.

Martha Graham hat zahlreiche zeitgenössische Choreographen beeinflußt, darunter Antony Tudor, Jerome Robbins, Agnes de Mille und sogar George Balanchine.

Die aus Illinois gebürtige und seit wenigen Jahren verstorbene Doris Humphrey stellte eine von Martha Graham sehr unterschiedliche Persönlichkeit dar. Sie war Schülerin der Denis-Shawn-Schule und gründete mit dem Choreographen Weidman eine berühmte Schule. 1930 führte Doris Humphrey eine von ihr choreographierte Oper von Schönberg auf und studierte anschließend die Tänze für *Iphigenie in Aulis* von Gluck ein. Leider fanden ihre Ballette jedoch nicht den geringsten Beifall. 1940 eröffnete sie ein kleines Theater mit etwa hundert Plätzen, wo sie ihre und die Werke ihrer Schüler aufführte.

Grundlage ihrer Schöpfungen war die Musik. Ihre Tänze zeichneten sich durch harmonische Struktur und die beständige Abfolge ihrer meist philosophischen Themen aus: *Drama der Bewegung,* wo der Mensch mit der Schwerkraft kämpft; *Ein Tag auf der Erde* von Benjamin Britten, usw.

José Limon, der 1921 geborene mexikanische Choreograph und Tänzer, war mit der Tänzerin Pauline Lawrence verheiratet. Nach Abschluß seiner Ausbildung trat er in die Kompanie Humphrey-Weidman ein und tanzte am Broadway in musikalischen Komödien, im Theater und in seinen eigenen Balletten.

Mit einer Tanzgruppe führte er seine Werke auf: *La Malinche*, *Chaconne* von Bach, *Concerto grosso* von Vivaldi, *Mexikanische Tänze* von Nowak, *Kaiser Jones,* in dem ein südamerikanischer Abenteurer auftritt, und den von der Tragödie *Othello* inspirierten *Mohr.*

Der freie Tanz erobert Amerika: Paul Taylor, John Burton, Erick Hawkins gründen ebenfalls eine eigene Truppe.

Zu Djaghilews Zeiten waren bereits russische Künstler nach den Vereinigten Staaten ausgewandert, wo sie weitgehend zur Förderung des klassischen Balletts beitrugen.

Michel Mordkin, der ehemalige Partner der Pawlowa, hatte sich in New York niedergelassen und dort eine Truppe, das Mordkin-Ballett, gegründet, aus dem später das *American Ballet Theatre* entstand.

Louis Tschalif war bereits im Kindesalter Virginia Zucchis Partner in dem berühmten *Excelsior* gewesen. Am Kaiserlichen Theater hatte er als Lehrer Beckefi und später Thomas Nijinsky, den Vater von Waslaw. Er nahm an langen Tourneen durch die Ukraine teil und kam 1904 nach den Vereinigten Staaten. 1907 eröffnete er dort eine Tanzschule und wurde auf dem Gebiet der choreographischen Bewegung bald führend. Am Broadway und in Hollywood studierte er Ballette und Volkstänze ein und verfaßte über diese Gebiete interessante Bücher.

Theodor Kozlow besuchte zuerst die Ballettschule des Großen Theaters von Moskau und ging dann an das Kaiserliche Theater von Sankt Petersburg, wo er der würdige Partner der größten Ballerinen jener Zeit war. 1909 gehörte er dem Russischen Ballett von Djaghilew an, das er verließ, um in London mit einer eigenen kleinen Truppe aufzutreten. Von da aus ging er nach Amerika, wo er mit Lydia Lopokowa, Alexander Volonin, Alexandra Baldina u. a. eine Kompanie bildete.

Kozlows Ballette brachten dasselbe Repertoire auf den Spielplan wie die von Djaghilew. Nach einer Gastspielreise durch Amerika eröffnete Kozlow in New York eine Schule, die er bis 1917 leitete. Dann stellte er eine andere Truppe zu-

Till Eulenspiegel. Choreographie von George Balanchine

sammen, die acht Wochen lang ununterbrochen im Palace Theatre von New York auftrat, was zu jener Zeit einen noch nie dagewesenen Rekord darstellte. Er trat auch in verschiedenen Filmen des berühmten Produzenten Cecil B. de Mille auf und starb 1956 in Los Angeles.

Adolph Bolm, der Sohn eines Musikers, trat in die Kaiserliche Ballettschule ein, wo er gleich zu Beginn von sich reden machte. Um seine künstlerische Ausbildung zu vervollständigen, besuchte er Deutschland, Frankreich und Italien. 1908 ging er mit Anna Pawlowa auf Tournee. Als er in Berlin Djaghilew begegnete, gab ihm dieser sofort ein Engagement. Als der berühmte Veranstalter eine Theatersaison in Amerika plante, nahm Bolm daran teil, beschloß aber nach einem Unfall, dort zu bleiben, und gründete eine Truppe.
Als Ballettmeister der Metropolitan Opera von New York studierte er 1919 die Burleske *Petruschka* ein. Er reformierte auch die Tanznummern der Kinosäle und drehte in New York die ersten Tanzfilme, die mit der Orchestermusik synchronisiert waren. 1924 verfaßte Bolm nach Partituren avantgardistischer Musiker Ballette für die Oper von Chicago: *Pierrot lunaire* von Schönberg, *Parnasse à Montmartre* von Satie, *La Mandragore* von Szymanowsky, *La Tragédie du violoncelle* von Transman und *Christmas Carol* von Williams.
Bolm schuf die erste filmische Version von Strawinskys *Apollon Musagetes* und studierte in San Francisco drei Ballette nach der Musik von Bach ein. Er war ganz vom Film eingenommen und arbeitete noch für zahlreiche Tanzfilme. Bolms Werk ist für die Verbreitung des Balletts grundlegend gewesen.

Lincoln Kirstein

Durch die Gastspielreisen Anna Pawlowas, Serge Djaghilews und des Russischen Balletts von Monte Carlo hatten die Amerikaner die unvergleichlichen russischen Tänzer, vor allem Nijinsky und Karsawina, kennengelernt. Auch hatten sich die großen Meister der Choreographie wie Fokin, Lichine, Massine und Balanchine auf amerikanischem Boden niedergelassen und damit zur Vormachtstellung Rußlands auf dem Gebiet der Tanzkunst beigetragen. Somit identifizierten die Amerikaner das Wort „Ballett“ lange Zeit mit dem Wort „Russisch“.

Die eigentliche Geschichte des amerikanischen Balletts beginnt erst 1933, als der junge Mäzen Lincoln Kirstein dem großen russischen Choreographen George Balanchine begegnete und ihm seinen Wunschtraum anvertraute, eine rein amerikanische Truppe zu gründen. Zusammen gründeten sie eine Schule, die „New School of American Ballet", die ihre Pforten 1934 öffnete. Sie vergrößerte sich schnell durch aktive Arbeit und gründete zwei Tanzgruppen: die „American Ballet Company", die von 1934 bis 1937 eine Reihe von Aufführungen veranstaltete, und das „Ballet Caravan", eine kleine 1936 entstandene Wandertruppe, die zwei Jahre später wieder aufgelöst wurde.

Inzwischen waren dem amerikanischen Ballett jedoch durch eine andere Initiative neue Wege gewiesen worden.

Das 1935 von Lucia Chase und Richard Pleasant gegründete „Ballet Theatre" trat die Nachfolge der von Michel Mordkin geschaffenen „New York Ballet School" an.

Lucia Chase, eine ehemalige Schülerin Mordkins, hatte Hauptrollen in *Dornröschen, Giselle* und *La Fille mal gardée* interpretiert; 1945 gab sie ihre Karriere als Tänzerin auf, um sich nur noch ihrer Truppe zu widmen. Sie assoziierte sich mit Oliver Smith, Inhaber eines Diploms für Architek-

American Ballet Theatre Ruth Ann Koesum

The Cage. Nora Kaye und Nicolas Magellanes

Tarassiana. Nina Vyrubowa und Serge Golowin

tur der Universität von Pennsylvanien, der das Bühnenbild von *Fall River Legend,* der Verfilmung der Operette *Oklahoma* und für *La Traviata* schuf.

Agnes de Mille wurde 1909 in New York geboren. Als Tochter des Filmproduzenten William de Mille führte sie auf dem Theater ein recht extravagantes Schauspiel, eine Art Revue aus dem vergangenen Jahrhundert auf. Sie wurde vom Ballett Rambert engagiert, wo sie in den Werken Antony Tudors verschiedene wichtige Rollen gestaltete. Nun öffnete ihr das „Ballet Theatre" seine Pforten, und sie verfaßte *Black Ritual.* Ein Jahr später studierte sie für die russische Balletttruppe von Monte Carlo *Rodeo* ein, eine Bilderfolge über das Leben auf den Farmen.

Agnes de Milles Schöpfungen haben weitgehend zur Förderung des rein amerikanischen Balletts beigetragen: Sie gestalten alle Themen des Landes und passen sich dem wilden Rhythmus der Neuen Welt an.

Verschiedene Werke wurden in den Vereinigten Staaten von amerikanischen Choreographen geschaffen: *Constantia* von William Dollar, ein sehr nüchternes Ballett, das den Melodien einer Partitur von Chopin folgt; *Fancy Free* von Jerome Robbins, ein realistisches Werk voll amüsanter Spitzbübereien.

André Eglewsky

Orpheus. Maria Tallchief

Idyll. Marjorie Tallchief und George Skibine

Die Truppe von George Balanchine trat 1948 in New York auf. Die Vorstellung löste eine so stürmische Begeisterung aus, daß der Kultusverein des New York City Center of Music and Drama beschloß, sich die Truppe unter dem Namen New York City Ballet anzugliedern.
Maria Tallchief, Tanaquil Leclerq – die heute krankheitshalber von der Bühne abgegangen ist –, Diana Adams, Patricia Wilde, Melissa Hayden, André Eglewsky, Nicolas Magellanes, Francisco Moncion, Herbert Bliss, Todd Bolender, Roy Tobias, Jacques d'Amboise bilden die Elite dieser aus zahlreichen guten Tänzern zusammengesetzten Kompanie. Auf dem Repertoire des New York City Ballet stehen verschiedene Meisterwerke, die in der ganzen Welt aufgeführt wurden: *Pied Piper,* dessen schmuckloser Stil zu einem wilden Rhythmus gesteigert wird; *Fanfare, The Cage,* ein hartes, heidnisches Werk; *Age of Anxiety,* wo das Thema der Angst gestaltet wird, vier Werke von Jerome Robbins: *Scotch Symphony; The four Temperaments,* ein abstraktes Ballett; *Western Symphony,* ein Bild des malerischen Lebens der Saloons; *Roma; Symphony in ut* von Bizet und *Serenade* von Tschaikowsky sind Werke Balanchines. Bei ihm ordnet sich alles der Musik unter, sie ist der Ausgangspunkt seiner unerschöpflichen Imagination und Phantasie.

Age of Anxiety
New York
City Ballet

Jerome Robbins, der eine Zeitlang künstlerischer Beirat des New York City Ballet war, verließ Balanchine 1958, um seine eigene Truppe, das Ballet U. S. A., zu gründen, mit der er bei den Festspielen von Spoleto auftrat. Ziel seiner Programmgestaltung war es, den Europäern die Varietät der amerikanischen Ballette – in Technik, Stil wie auch schauspielerischer Darbietung – zu zeigen. Zu Beginn bestand seine Truppe nur aus sechzehn Tänzern, die mit sehr unterschiedlichen Interpretationen fertig werden mußten. Unter seinen Schöpfungen müssen wir erwähnen: *N. Y. Export, Op. Jazz* und *Concert,* die Robbins beide selbst einstudierte.
Unter den zahlreichen Tanztruppen dürfen wir nicht das Grand Ballet des Marquis de Cuevas vergessen, dessen Tätigkeitsbereich sich von Frankreich bis nach Nordafrika und Amerika erstreckte.
Der wunderliche, aber freigebige Marquis hatte 1940 in New York eine Ballettschule eröffnet, wo die Kinder von Flüchtlingen kostenlos die Tanzkunst erlernen konnten. Die bedeutende Mitgift seiner Frau, einer Enkeltochter von John D. Rockefeller, konnte seiner exzentrischen Verschwendung nicht genügen.
Eine von diesem großen Mäzen geleitete Truppe, das International Ballet, führte unter Aufsicht des Ballettmeisters

Le Mal du Siècle
Truppe des
Marquis de Cuevas

Anatole Vilzak ein Schauspiel auf. Zehn Choreographen, unter denen sich Bronislawa Nijinska, William Dollar, Léonide Massine, Edward Caton befanden, wurden zu künstlerisch wertvollen Gastspielen eingeladen.
Das eigentliche Debüt der Kompanie von Monte Carlo des Marquis von Cuevas fand am 7. November 1947 in Paris im Alhambra-Theater statt. Die Ovationen des Publikums kamen einem Delirium gleich. Im internationalen Ballettleben sollte die Truppe schnell einen hervorragenden Platz einnehmen.
Seine Reihen werden jetzt durch Genia Melikowa, Daphne Dale, Nathalie Krassowska, Denise Bourgeois, Jacqueline Moreau, Solange Golovina, Nina Vyrubowa, Liane Daydé, Nicolas Polajenko erweitert: im ganzen fünfundvierzig Tänzer aus allen Nationen.
Auf dem Repertoire standen zweiundachtzig Ballette; jedes Jahr wurde es durch Neuinszenierungen bereichert.
Les Variations de Brahms wurden von Nijinska nach Themen von Händel und Paganini einstudiert. In *Piège de lumière,* Choreographie von John Taras und Textbuch von Philippe Hériat, tritt eine Gruppe entflohener Sträflinge auf, die durch eine erfinderische Kriegslist eine Wolke exotischer Schmetterlinge einfängt, die natürlich von Tänzern dar-

L'Amour sorcier

gestellt werden. *Doña Iñes de Castro* beschreibt das Leben der stolzen Infantin von Kastilien. *Annabel Lee* wird von George Skibine nach dem halluzinierenden Gedicht Edgar Poes einstudiert. *Idylle,* eine Schöpfung desselben Choreographen, berichtet die Kränkungen eines zarten und koketten Stutenfüllens, das von einem Zugpferd geliebt wird, sich aber von einem Zirkusgaul verführen läßt. *Le Prisonnier du Caucase,* nach einem Thema Puschkins und mit Musik von Khatchaturian, wird durch die von George Skibine einstudierten Volkstänze belebt. Nijinska schuf die Choreographie von *Rondo capriccioso* speziell für Rosella Hightower und George Skibine. Serge Lifar choreographierte *L'amour et son destin* nach der *Symphonie pathétique* von Tschaikowsky. Weiter gehören zum Spielplan der Truppe des Marquis de Cuevas der *Schwanensee, Les Sylphides* und *Giselle.* Beim Tode ihres erlauchten Mäzens mußte die Truppe 1961 ihre Tätigkeit aufgeben.

Wenn seine Ballette auch von außergewöhnlich begabten Tänzern interpretiert wurden, so ließ ihre Ausstattung jedoch etwas zu wünschen übrig. Doch darf man die An-

Sonja Arowa und Rudolph Nurejew

regungen, die er dem Ballett gab, nicht unterschätzen, und man muß Leidenschaft und Mut dieses Mannes ehren, die er auch seiner Truppe mitzuteilen wußte.
Bei dieser langen Aufzählung von Tänzern und Choreographen darf man den Namen von Ruth Page nicht vergessen.
Sie wurde in Indianapolis geboren, debütierte mit zwölf Jahren und begleitete die Pawlowa auf ihrer Gastspielreise durch Südamerika. Im Coliseum von London tanzte sie auch an der Seite von Bolm. Als erste Tänzerin Chikagos wurde sie 1925 in das Russische Ballett von Djaghilew aufgenommen und zog dann mit einer kleinen Truppe durch den Orient. 1930 gab sie in Moskau eine Reihe von Vorstellungen: Auf dem Repertoire standen amerikanische Ballette. Anschließend gründete sie das „Page-Stone Ballet". Unter dessen Aufführungen müssen wir *Frankie and Johnny* erwähnen, deren Thema ein Lied von Jerome Moross ist: Frankie ist ein Freudenmädchen und Johnny ihr Zuhälter. Die Arbeit in einem Freudenhaus behindert aber nicht die Gefühle, die Eifersüchtige schickt den flatterhaften Liebhaber in den Tod.

Isadora Duncan
Lithographie
von Bourdelle

Heute gibt es zweifellos einen amerikanischen Ballettstil: Die Themen werden der amerikanischen Folklore und Bräuchen der Vergangenheit und Gegenwart entnommen. Wenn der klassische Tanz in den Vereinigten Staaten auch die Grundlage der choreographischen Schöpfungen bleibt, so machen diese doch auch von gewissen Aspekten des „modernen Tanzes" Gebrauch. Dafür ist *Western Symphony* ein typisches Beispiel: Dieses farbige und kraftvolle Wildweststück, dem sogar eine gewisse Romantik nicht fehlt, ist das klassische Ballett im Dienste des Tanzes, der Musik und des amerikanischen Geistes. Weiterhin ist für den amerikanischen Stil eine Vorliebe für psychologische Dramen bezeichnend, denn der Zeitgeschmack neigt dort stark zur Psychoanalyse, in deren dunklen Labyrinthen man sich gern verliert.
Die amerikanische Ballerina ist groß, schlank und zartgliedrig. Ihre von jeglichem Komplex freie Haltung wie auch der Verzicht auf Bühnenkoketterie oder leere Selbstgefälligkeit fallen jedem Kenner sofort ins Auge. Tänzer und Tänzerinnen haben eine unfehlbare Technik und beherrschen vollkommen ihre Mittel, sie stellen aber niemals ihre Virtuosität zur Schau und bleiben einfach und natürlich.

XIX Das Ballett in der Welt

Die Neuentdeckung des Tanzes gehört zu den bedeutendsten künstlerischen Phänomenen der ersten Hälfte unseres Jahrhunderts. Mit Isadora Duncan traten bereits die Vorzeichen des freien Tanzes auf: Ihr bacchantischer Stil hatte die Welt begeistert oder skandalisiert. Ihr Ideal war, den Tanz von seinen Fesseln zu befreien, um mittels der Bewegung zu Freude und Freiheit zu gelangen.
Auf dem Gebiet des Tanzes standen zu jener Zeit zwei große Persönlichkeiten im Wettbewerb: Isadora Duncan und Serge Djaghilew. Die eine verfocht den freien Tanz, der andere war der Hauptvertreter des klassischen Tanzes. Beide verfolgten ihren Weg mit dem gleichen Glauben, wie zwei Raketen, die mit dem gleichen Ziel auf verschiedene Bahnen gesetzt wurden.
Der Stil von Isadora Duncan drang bald in die traditionsreichen kaiserlichen Ballettkorps von Sankt Petersburg ein und setzte seinen Weg fort, indem er sich noch in die russischen, schwedischen und amerikanischen Ballette einschmuggelte.
Gleichzeitig mit dieser Tendenz zur Freiheit wurde der Tanz Gegenstand von Entdeckungen und Studien. Nach den Ethnographen lernte das Publikum die exotischen Tänze Afrikas und Asiens kennen. Diese Entwicklung verdanken wir Nietzsche. Für den großen deutschen Philosophen bildete der Tanz eine Denkform, eine Art, zu sein. In seinem Werk hat er dem Tanz viele Seiten gewidmet.
Nietzsche scheut sich nicht zu schreiben, daß die geistige Nahrung eines Philosophen ebenso frugal sein müsse wie die eines Tänzers.

Isadora Duncan kam zum selben Zeitpunkt zur Welt, als Nietzsche seine Professur für Philosophie in Basel aufgab, um durch Italien und das Engadin zu irren und dabei vom Tanz als der allerhöchsten Offenbarung zu träumen.

Heute verfolgt das Ballett seine Metamorphose weiter, und da es Prosa und Gesang aufnimmt, wird es uns morgen vielleicht die Tragödie des modernen Menschen darstellen können.

Das Ballett hat die Welt erobert. Zahlreiche neue Länder haben am choreographischen Wettstreit teilgenommen, während andere sich davon zurückzogen. Das Ballett ist eine so vielfältige Kunst wie das Leben und auch so veränderlich. Nach dem Jahrhundert von Noverre und Blasis ist das 20. Jahrhundert gewiß an Neuschöpfungen am reichsten.

Das Ballett lebt in allen Ländern aber jedesmal auf unterschiedliche Weise, denn es wurde von Geschichte, Klima, Bewohnern und Bräuchen geformt: Frankreich ist für die Anmut empfänglich, Deutschland für den Expressionismus, Rußland für den Realismus, Afrika für den Mystizismus.

Les Sylphides mit romantischer Anmut, *Icare* ein Ausdruckstanz, *Le Jeune Homme et la Mort*, wo der heftige Tanz in

Schwanensee
Giulio Perugini
und Violetta Elvin

Gegensatz zu einer ruhigen Musik steht, *Sérénade* von Strawinsky, ein allegorisches Ballett, *La Symphonie fantastique*, eine großartige choreographische Orchestration, der nach einer revolutionären Musik einstudierte *Sacre du printemps*, das psychologisch orientierte *Age of Anxiety:* jedes ein besonderer Stil, jedes ein Meisterwerk.

Ein ideales Ballett ist jedoch zweifellos dasjenige, wo Musik, Tanz und Ausstattung in vollkommenem Gleichgewicht stehen und ein einheitliches Ganzes bilden. Dafür sind das vollendetste Beispiel *Les Demoiselles de la nuit*, wo die Partitur von Jean Françaix, die Choreographie von Roland Petit und die Bühnenbilder von Leonor Fini ein abgerundetes, harmonisches Schauspiel bieten.

Wenn Frankreich, Deutschland, England, Rußland und die Vereinigten Staaten auch das Ballett beherrschen, so hat dieses sich doch überall in der Welt entfaltet. Italien, das zuerst sein Heimatland war, ist steril geworden und bringt keine choreographischen Werke von Bedeutung mehr hervor. In diesem Lande hatte Djaghilew nicht den geringsten Einfluß. Enrico Cecchetti hat sich bemüht, diesem Verfall entgegenzuwirken, und Schüler ausgebildet, die augenblicklich die bedeutendsten Tanzkünstler Italiens sind: Corbo, Corsi, Gallizia, Radice, Poli, Battaggi, Fornarolli u. a.

Mehrere Jahre lang hat Aurel Milloss, ein ungarischer Ballettmeister und Choreograph, ehemaliger Schüler Labans, in Italien gearbeitet: an der Scala von Mailand, an der römischen Oper und am San-Carlo-Theater von Neapel. Seinem reichen, fruchtbaren Talent sind einige interessante Werke zu danken, die das italienische Ballett aber nicht entscheidend beeinflussen konnten: *Die Geschöpfe des Prometheus* nach Vigano, *Le Mandarin merveilleux* von Bartók, *Allegra Piazzetta*, *La Folie de Roland* und *Rhapsody in blue* von Gershwin. Inzwischen hatte die Tanzakademie ernsthafte Reformen unternommen, um die Statuten der Tanzschulen neu festzusetzen. Von nun an sollte jeder, der diese Kunst lehren wollte, sich zuerst einem Examen unterziehen.

Eine der repräsentativsten Tanzschulen Italiens ist zweifellos die von Bianca Gallizia am San-Carlo-Theater von Neapel. Gallizia, eine ehemalige italienische Primaballerina, hat zahlreiche sehr originelle Choreographien verfaßt. Von ihren Schülern müssen wir Sonia Del Gindice, Maria Pia Tommasini, Antonio Greco erwähnen.

Aus der unter Leitung der Engländerin Esmée Bulnes stehenden Schule der Scala von Mailand sind wertvolle Tanzkünstler hervorgegangen: Carla Fracci, Mario Pistoni, Roberto Fascilla, Bruno Telloli, Walter Venditti, Vera Colombo, Fiorella, Cova, Luciana Novaro usw. Die letztere, eine schöne, intelligente und begeisterte Künstlerin, hatte sich auf Charakterrollen spezialisiert. Heute ist sie Leiterin der Tanzschule der Scala.

Die Schule der Römischen Oper war auch eine Zeitlang berühmt gewesen. Aus ihr gingen Giulio Perugini und der heutige Ballettmeister der Mailänder Scala, Ugo Dell'Ara, hervor.

Drei Tänzer ersten Ranges treten an der Römischen Oper auf: Marisa Matteini, Giovanni Perugini und Walter Zappolini. In jeder Theatersaison bringt die Oper drei oder vier Ballette auf den Spielplan, aber ihr Repertoire ist durch keine Neuschöpfung bereichert worden.

In Brüssel hat Maurice Béjart nach anderthalb Jahrhunderten die schwierige Nachfolge von Jean-Antoine Petipa angetreten. Die Geschichte des belgischen Balletts beginnt 1700 mit dem Choreographen La Gomme, danach hat sie bis 1826 keine wesentlichen Erfolge zu verzeichnen, bekommt aber mit Jean-Antoine Petipa, dem Vater der berühmten Brüder Lucien und Marius, neuen Auftrieb.

Die großen Tanzkünstler, vor allem die italienischen Ballerinen, treten im Théâtre royale de la Monnaie auf. 1927 erhält Katschurowsky ein Engagement als Ballettmeister. Ihm folgen Nicolas Zwerew, Jean-Jacques Etchevery und Maurice Béjart. Die wichtigsten Tänzer der Truppe sind Laga, Lagan, Berdel und Simon. Tanja Bari hingegen ist die erste Solistin des von Béjart geschaffenen Balletts des 20. Jahrhunderts. Letzterer hat die belgische Choreographie in weitem Maße gefördert.

In den Niederlanden bestehen heute zwei Ballettkorps: das Het National Ballett und das Niederländische Tanztheater. Das erstere wurde 1961 in Amsterdam von Sonia Gaskell gegründet. Auf dem Repertoire stehen klassische und moderne Werke, unter denen zu erwähnen sind: *Die vier Temperamente* (Balanchine-Hindemith), *Caprichos* (Ross-Strawinsky), *Shirah* (Lang), *Dschungel* (van Dantzig), *Contrastes* (Kaesen), *Le Mandarin merveilleux* und *Die Begegnung*. Die wichtigsten Solisten dieser Truppe sind Marianna

Haut Voltage
Michèle Seigneuret
und Maurice Béjart

Apollon Musagetes
Choreographie von
George Balanchine

Jungle
Maria Koppers
und Billy Wilson

Hilarides, Sonja van Beers, Leonie Kramer, Panchita de Peri, Billy Wilson u. a.
Das Niederländische Tanztheater untersteht der künstlerischen Leitung von Benjamin Harkavry, Job Sanders und Hany Burmann. Die meist modernen Choreographien stammen von Hans van Manen, Benjamin Harkavry, Rudi van Dantzig, Aart Verstegen, Jaan Flier usw. Diese Werke werden von bekannten Solisten interpretiert: Willy de la Bye, Hannie van Leeuwen, Alexandra van Rhijn, Hans van Manen, Jaan Flier, Job Sanders usw.
Auguste Bournonville starb nach einer glänzenden Laufbahn als Choreograph und Ballettmeister 1878 in Kopenhagen. Dann kam die Ära Djaghilew. Michail Fokin kommt nach Dänemark und inszeniert die großen Meisterwerke des russischen Balletts. 1932 wird sein Schüler, Harald Lander, zum Ballettmeister ernannt. Nach klassischen Werken führt Lander 1942 *Qarrtsiluni* auf, das die Expedition des dänischen Forschers Knud Rasmussen nach Grönland behandelt, *Les Caprices de Cupidon* nach Vincenzo Galeotti, deren Charme etwas veraltet ist, und *La Veuve au miroir*.

Fräulein Julie
Ballett
der finnischen
Nationaloper

Antonio

1943 tritt die große Ballerina Margot Lander, Haralds erste Frau, von der Bühne ab, und dieser geht nach Paris, um dort das Ballett der Oper zu leiten. Toni Lander, seine zweite Frau, ist heute eine international bekannte Künstlerin. Heute teilen die Ballettmeister von Kopenhagen, Henning Kronstam und Niels Björn Larsen, ihren Ruhm mit Margrethe Shanne, Inge Sand, Tuth Andersen, Mette Mollerup, Svend Erik Jensen, Frank Schaufuß usw.
Auf dem Repertoire stehen klassische und moderne Werke. Auch Ashton, Balanchine, Cullberg, Petit, Robbins, Taras, de Valois choreographieren für die Kopenhagener Oper.
Unter den dänischen Choreographen müssen wir Erik Bruhn und sein *Concertette* erwähnen, Biger Bartholin und seine *Symphonie classique* von Prokowjew, Borge Ralow und seine *Kurtisane,* Kirsten Ralow und ihre *Kameliendame.* Flemming Flindt und Erik Bruhn, zwei berühmte Schüler der Kopenhagener Schule, haben deren Stil bewahrt.
In Stockholm wurde das Opernballett 1773 von dem französischen Choreographen Louis Gallodier gegründet. Anschließend wird das schwedische Ballett von Taglioni, dessen

Mazeppa
Ballett des
Warschauer Theaters

Tochter 1804 in Stockholm zur Welt kommt, grundlegend reformiert.
Anders Selinder war der erste schwedische Ballettmeister. Robert Sijablom trat von 1887 bis 1890 seine Nachfolge an. Michail Fokin, der nach Schweden berufen wurde, sollte dem Stockholmer Ballett einen beachtenswerten Aufschwung geben.
1920 gründet der Mäzen Rolf de Maré mit Jean Borlin und den besten Künstlern der Stockholmer Oper die Schwedischen Ballette. Nach der Auflösung dieser Truppe wird Jean Borlin vom Tode überrascht. Die Werke Djaghilews führt ein Schüler des deutschen Expressionismus, Julian Algo, ein. Sein Nachfolger wird der gebürtige Finnländer Georges Gué, der die Tänzer in der besten russischen Tradition ausbildet. Im ersten Weltkrieg kommt der Expressionismus nach Schweden: Birgit Akesson, die den freien Tanz zu seinem Höhepunkt führte, hat interessante Choreographien verfaßt und zog kubistische Maler zur Mitarbeit heran.
Birgit Cullberg, eine ehemalige Schülerin von Jooss, hat für die Stockholmer Oper verschiedene interessante Werke geschaffen, besonders *Fräulein Julie* nach dem bitteren und zynischen Drama Strindbergs, eine Schöpfung, mit der sich das nordische Ballett einen Platz eroberte. Der junge talentierte Tänzer Ivo Cramer hat unter dem Einfluß der Cullberg *Images bibliques* und *Der Kaiser von Portugal* geschaffen.

Giselle
Ballett
der finnischen
Nationaloper

Österreich ist die Wiege des Opernballetts, das dort im 17. Jahrhundert begründet wurde, als die Kaiserin Maria Theresia das Hofballett mit dem der Staatsoper vereinte.
Seitdem sind alle europäischen Berühmtheiten, seit Hilferding, Angiolini, Noverre und Taglioni, über die Bühne der Wiener Oper gegangen.
Der despotischen Herrschaft der italienischen Ballerinen machte der Choreograph Hallsereiter ein Ende, der natürlich Wiener Tänzerinnen engagierte: Gusti Pichler, Julia Draper und die bekannteste, Edeltraut Brexner.
Nach dem ersten Weltkrieg machte das österreichische Ballett eine Krisenzeit durch. Richard Strauss versucht dem entgegenzusteuern und studiert mit dem Ballettmeister Heinrich Kröller *Schlagsahne* ein.
Moderne Choreographen, vor allem Bronislawa Nijinska, haben für die Wiener Oper gearbeitet. Bis zum letzten Krieg war auch Margarete Wallmann dort tätig, die aber mehr Regie führte als choreographierte. Dann überließen Willy Franz und Dimitri Parlitsch ihre Stelle Aurel Milloss.
Heute zählt das Wiener Ballettkorps stolz in seinen Reihen die Namen von Edeltraut Brexner, Christi Zimmerl, Willy Dirtl, Karl Musil und Paul Vondrak.
Das Ballett der Oper von Budapest wurde 1829 begründet. Zuerst traten dort mit Smeraldi, Mazzantini und Guerra die italienischen Choreographen hervor. Im 20. Jahrhundert

treten jedoch die russischen Ballette auf den Plan. Jyulia Harangozo studiert *Czardas* ein, dann *Rhapsody in blue* von George Gershwin, nach einer Choreographie von György Tabor, *Divertissement* von Sandor Jemmiz, nach einer Choreographie von Siephinsky.

1948 erhält der sowjetische Choreograph Vainonen eine Einladung, die Truppe von Budapest zu leiten. Später übernimmt Harangozo die Leitung des Ballettkorps, in dem Zsuzsa Kun, Gabriele Lakatos, Adele Orosz, Victor Rona, Victor Fulop und Ferenc Haves hervortreten. Diese Künstler interpretieren *Le Mandarin merveilleux, Le Prince de bois, Der Schwanensee, Giselle, Scheherazade, Die Fontäne von Bachtschisarai, Flammen von Paris* usw.

In Jugoslawien war 1921 in Belgrad ein Ballett entstanden, das die choreographischen Zwischenakte der Opern interpretieren sollte, aber bald wurde das Ballettkorps zu einer von der nationalen Oper unabhängigen Sektion. Russische Künstler traten auf und bildeten mit den jugoslawischen Meistern ein Ensemble.

Japanisches Ballett

Auf dem Spielplan des Belgrader Balletts standen: *Coppélia* von Delibes, *Romeo und Julia* von Prokowjew, die *Legende von Ohrid* von Hirstitch, *Ballade über eine mittelalterliche Liebesgeschichte* von Lotka, *Lebkuchenherz* von Baranowitsch und Parlitsch, *Orpheus* von Strawinsky, *Jolande* von Kalomiris. Diese bedeutenden Werke wurden u. a. von folgenden großen Tanzkünstlern interpretiert: Ruth Parnel, Vera Kostitsch, Mira Sanfina, Milica Jovanowitsch u. a.
Das internationale Ballett hat verschiedene von ihnen aufgenommen: Milorad Miskowitsch, Dimitri Parlitsch. Letzterer ist zu einem der größten jugoslawischen Choreographen geworden.
Das polnische Ballett ist zwei Jahrhunderte alt und entstand zu der Zeit, als Stanislaus II. und August III. um den Thron dieses Landes kämpften. Das erste polnische Ballett mit dem Titel „Tanzgruppe Seiner Majestät" wurde von einem Franzosen, Le Doux, geleitet. Aber die politische Bedrängnis Polens hinderte ihn daran, sein Werk fortzusetzen.
Gegen 1820 kommt es zum kulturellen Austausch: Die französischen Tänzer treten in Polen auf, während polnische Tanzkünstler sich im Ausland vervollkommnen.
Unter der russischen Herrschaft werden im Neuen Großen Theater, das eine große Bühne besitzt, choreographische Schauspiele geboten.
Auf dem Spielplan stehen alle romantischen Stücke, von *La Sylphide, Le Diable boiteux, Giselle* bis zu *Esmeralda* und *Catherina, die Tochter des Banditen.* Das Ballett steht unter der Leitung von Filippo Taglioni und des Tänzers Roman Turczynowicz. Im 20. Jahrhundert war das Neue Große Theater den großen italienischen Meistern, vor allem Enrico Cecchetti, unterstellt.
Nachdem das Warschauer Ballett zu Beginn des 20. Jahrhunderts von neuem seine Unabhängigkeit erlangt hat, bemühen sich seine Meister Piotr Zalischa und Felix Parnell, ein nationales Repertoire auszuarbeiten. Der unbestrittene Star ist Halina Szmolcowna.
Zwischen den beiden Kriegen wurden zahlreiche Ballette nach volkstümlichen polnischen Themen und nach den Partituren nationaler Musiker verfaßt. In diesem Geiste arbeiteten Arnold Szyfman, Bronislawa Nijinska und Leon Woizikowski, aber der Krieg von 1940 machte ihre Bemühungen zunichte.

Nach dem Kriege wurde in Warschau ein neues Theater erbaut. Das Ballett gewinnt neues Leben und führt klassische und moderne Werke auf, in denen zahlreiche hochbegabte Tänzer auftreten: Olga Sawicka, Marta Bokota, Vitold Borkowsky, Stanislaus Szymanky, Bogdan Bulder.

In Amerika interessieren sich verschiedene Staaten für das Ballett. Das Nationale Ballett von Kanada wurde recht spät, erst 1950, in Toronto begründet. Es unterstand der Tänzerin Celia Franca, die viel für die choreographische Entwicklung des Landes tat.

Das von Ludmilla Chiriaew begründete „Grand Ballet" von Montreal, in dem als Gäste Rosella Hightower und Anton Dolin auftraten, hat kürzlich eine lange Gastspielreise unternommen. Das nationale Ballett von Kanada hingegen hat der großen sowjetischen Tänzerin Galina Samsowa eine Chance gegeben, indem es ihr ermöglichte, im Pariser Theater der Champs-Elysées *Cendrillon,* nach einer Inszenierung von Raymondo Larrain, zu tanzen.

In Mexiko ist bei der Jugend vor allem der moderne Tanz beliebt, den man auf allen Bühnen des Landes sieht.

Die in Chacaltiangui geborene Tänzerin Guillermina Bravo hat zuerst mit Walden gearbeitet. Von dem Komponisten Charles Chavez, Direktor des Nationalen Instituts für Bildende Künste, wurde sie zur Leiterin der Tanzakademie von Mexiko berufen und gründete anschließend das Nationale Ballett. In ihren Werken bevorzugte sie soziale Themen und tanzte nicht nur auf den großen Bühnen, sondern auch bei Versammlungen und auf öffentlichen Plätzen. Unter ihren Choreographien sind zu erwähnen: *El Zanate* von Galindo, *Recuerdo a Zapata* von Mabarak, *Le Nuage Stérile* von Noriega, *Cuauhnàhuac* von Revueldas u. a.

In Kuba tritt eine große Startänzerin hervor: Alicia Alonso. Nachdem sie bei Fedorowa und Vilzak und der großen Londoner Tanzmeisterin Wera Wolkowa in die Lehre gegangen war, wurde sie vom „American Ballet Theatre" engagiert. Eines Abends mußte sie Alicia Markowa unvorhergesehenerweise in *Giselle* vertreten und erlebte einen recht unerwarteten Triumph. Sie fand noch in weiteren klassischen und modernen Balletten Beifall und gründete dann eine Tanztruppe. 1950 wendete sie sich der Pädagogik zu und eröffnete in La Habana eine Tanzschule.

Alicia Alonso wurde 1947 von der kubanischen Regierung

mit einem Orden ausgezeichnet, weil sie zum künstlerischen Renommee ihres Landes so entscheidend beigetragen hat.
Das Ballett des Colon-Theaters von Buenos Aires, das sich 1925 gebildet hatte, zählt heute neunzig Mitglieder. Tänzer und Choreographen arbeiten entweder im Theater oder in dem geräumigen Amphitheater, das in der Nähe der argentinischen Hauptstadt liegt. Große ausländische Ballettmeister, wie Adolph Bolm, George Skibine, Janine Charrat, John Taras, haben dort ihre Schöpfungen vorgetragen.
Klassische und avantgardistische Werke wechseln miteinander ab: *Schwanensee, Coppélia, Giselle*, aber auch *Agon, Usher* von Harribald y Moriana, *Die Stadt mit den goldenen Pforten* von Constantino Gaito, *Panambi, Estancia, Variations concertantes* von Ginestra, *Schneewittchen*, ein Werk des Komponisten Gianneo, usw.
Maria Ruanowa, Dora del Grande, Lida Martinoli, Irina Borowska, Esmeralda Agoglia, Olga Ferri, Norma Fontenla usw. sind der Ruhm des Colon-Theaters.
Aber auch internationale Kräfte suchen den Beifall Argentiniens: Olga Spessiwtsewa, Serge Lifar, Margot Fonteyn, Yvette Chauviré, Alicia Markowa, Tamara Tumanowa, Marjorie Tallchief, George Skibine.
Nach Chile kommt 1940 das Ballett Jooss und gibt dem Tanzleben dieses Landes einen großen Auftrieb. Angehöriger dieser Truppe war Ernest Uthoff, er wurde mit seiner Frau Lola und Rudolph Pest berufen, um am Konservatorium der Universität von Chikago eine Ballettschule zu eröffnen. Heute steht das nationalchilenische Ballett unter Leitung von Ernest Uthoff. Auf einer Gastspielreise trat es am Colon-Theater von Buenos Aires auf und anläßlich der Musikfestspiele von 1963 in Rio de Janeiro.
Die ausschließlich modernen Ballette stammen zum größten Teil von Uthoff: *Der verlorene Sohn, Das Wunder von Alamreda, Der Clown, Bilder von Chile* usw.
Die Entstehung des Balletts in Australien ist einem Tschechen zu verdanken. Dieser 1902 in Prerow geborene Tänzer-Choreograph hatte mit der Pawlowa und später im Russischen Ballett von Monte Carlo getanzt. 1939 machte er im Verlauf einer Gastspielreise einen Aufenthalt in Sydney und gründete dort das „Borowansky Australian Ballet"; 1952 leitete er die neue Truppe der „Borowansky Ballet Company".

Zahlreiche australische Tänzer finden heute Engagements in ausländischen Truppen, wo sie als wertvolle Mitglieder angesehen werden.

Nach dem ersten Weltkrieg hat das Ballett auch in Tokio eine bedeutende Stellung eingenommen. Das in der japanischen Hauptstadt begründete Komari-Ballett folgt dem Stil von Eliane Pawlowa, der dort etablierten russischen Tänzerin.

Seine erste Vorstellung war *Schwanensee,* mit der großen japanischen Tanzkünstlerin Moniko Tani. 1950 traten Sakiko Hirosi und Naoto Seki als erste Tänzer hervor.

Zwei Jahre später wurden Sonia Arowa, Serge Lifar, Lycette Darsonval nach Japan eingeladen, um dort in klassischen Balletten aufzutreten.

Hiermit ist die Geschichte des Balletts nicht zu Ende. Es wird noch andere Metamorphosen durchmachen, sich mit den Menschen entwickeln, äußerlichen Einflüssen unseres Jahrhunderts unterliegen. Der internationale Austausch ist häufiger und gründlicher geworden, durch ihn wird das Ballett nach dem Bildnis unserer Welt gestaltet werden.

Ohne seine fruchtbare und an Lehren reiche Vergangenheit zu verleugnen, wird das Ballett andere, kühnere Wege einschlagen, wo das im Dienst von Kunst und Technik stehende Wagnis uns junge und ursprüngliche Werke bescheren wird. Doch wird es, wie Paul Valery so schön sagte, stets „ein Busch mit schönen durch den Wind der Musik bewegten Zweigen bleiben“.

XX/ Die Jahre 1965-1980

Der Tanz des 20. Jahrhunderts fällt zum großen Teil mit der Geschichte des Tanzes in den Vereinigten Staaten zusammen, und New York ist die Stadt, in der die meisten schöpferischen Künstler entdeckt wurden.
Das New York City Ballet und das American Ballet Theatre bleiben die beiden Stützen, auf denen das amerikanische Ballett ruht. Seit seiner Gründung im Jahre 1948 ist das New York City Ballet vor allem das Instrument George Balanchines, der geduldig an ihm gearbeitet und gefeilt hat. Im Jahre 1969 kommt jedoch nach einer Periode, die dem Musical gewidmet war und ihre Krönung in der *West side story* fand, Jerome Robbins zurück und inszeniert *Dances at a gathering*, ein reines Meisterwerk im Geiste von Chopin — eine Folge von lyrischen Tänzen, in denen Zärtlichkeit und Humor, Lebensglück und unbestimmte Sehnsucht nach einem verlorenen Lande miteinander verschmelzen. Es folgen *In the night* (1970), die *Goldberg variations* (1971), *Watermill* (1972), *Concerto en sol* (1975). Zur gleichen Zeit gibt Balanchine seinerseits mehrere bedeutende Werke, darunter *Metastaseis und Pithoprakta* (1968), *Violinkonzert* (1972), *Le Tombeau de Couperin* (1975). Und das New York City Ballet macht sich an zwei gewaltige Unternehmungen : Huldigungen an Strawinskij (1972) und an Ravel (1975), wahre Inventarien ihrer Beziehungen zum Tanz. Berühmt ist die Truppe auch durch ihre weiblichen Stars (Mélissa Hayden, Violette Verdy, Allegra Kent, Suzanne Farrell, Patricia McBride, Kay Mazzo), aber auch durch die Männer, seitdem besondere Mühe auf die Suche nach verwandt wurde Startänzern.

Das American Ballet Theatre besitzt ein den Quellen und den Stilen nach vielgestaltigeres Repertoire; neben *Giselle* und *Schwanensee* findet man hier die großen dramatischen Werke von Antony Tudor und Agnes de Mille, das erstaunliche *Push comes to shove* von Twyla Tharp (Erstaufführung 1976), den *Sacre du printemps* von Glen Tetley und *The River* von Alvin Ailey. Die Truppe hat es sich auch zur Regel gemacht, große Startänzer wie Natalia Makarowa, Barychnikow, Paolo Bortoluzzi, Carla Fracci, Marcia Haydée, Michaël Denard, Fernando Bujones oder Celsey Kirkland einzuladen.
1968 gründen Arthur Mitchell, ein ehemaliger Tänzer des New York City Ballet, und Karel Shook das Dance Theatre of Harlem. Diese ganz aus schwarzen Amerikanern bestehende Truppe tritt für das klassische Repertoire und für das Werk Balanchines ein; dank der Geschlossenheit und der Disziplin der Truppe erlangt sie sehr rasch einen soliden Ruf.
1965 debütiert in Cannes das Harkness Ballet — nach dem Namen seiner großzügigen Gründerin Rebekah Harkness.

Agon
Suzanne Farell und Peter Martins

Other dances
Michail Barychnikow

Pierrot lunaire
Rudolf Nurejew

Künstlerische Leiter sind nacheinander George Skibine, Brian Macdonald und Benjamin Harkarvy. Nach der Auflösung der Truppe im Jahre 1970 treten die Schüler der (1965 gegründeten) Harkness School for Ballet Arts an die Stelle ihrer berühmten Vorgänger, die da hießen : Erik Bruhn, Marjorie Tallchief, Lone Isaksen und Lawrence Rhodes. Diese junge Gruppe besteht bis 1975. Nach dem Zusammenbruch versammelt Vicente Nebrada einige Überlebende und schafft mit ihnen die Grundlagen des Internationalen Balletts von Caracas.

1969 bildet Eliot Feld seine eigene Truppe : die American Ballet Company. Sie wird bald aufgelöst, ersteht jedoch 1974 unter dem Namen Eliot Feld Ballet wieder auf. Zu den Inszenierungen von Feld, die am meisten Beachtung fanden, gehören *Meadow lark*, *Intermezzo* und *The Gods amused*.

Konzertantes Duo Kay Mazzo und Peter Martins

1965 debütiert auf dem Jacob's Pillow Festival die neue Truppe von Robert Joffrey. Gerald Arpino erweist sich als ein origineller, ungewöhnlicher Choreograph; das Repertoire greift auf August Bournonville, Michael Fokin, Leonid Massin, Tudor, Margo Sappington und Tharp zurück. Nach zahlreichen Mißgeschicken wird die Truppe 1980 wiederhergestellt und findet bei ihrem Wiederauftreten in Chicago große Beachtung.

Das Boston Ballet, das seinen Ursprung im New England Civic Ballet hat, debütiert 1964 unter der Leitung von E. Virginia Williams. Zwar arbeitet es eng mit Balanchine zusammen, zeigt jedoch auch Werke von Pearl Lang, de Mille und Talley Beatty. Auch das Pennsylvania Ballet (gegründet 1963) unterhält enge Beziehungen zu Balanchine und gibt zugleich Werke von William Dollar, John Butler und Francisco Moncion.

1970 wird das Pittsburgh Ballet Theatre von Nicolas Petrov gegründet, der auch der hauptsächliche Choreograph ist. Der Franzose Patrick Frantz, ein ehemaliger erster Tänzer der Pariser Oper, wirkt in Tucson (Arizona), nachdem er zunächst im Pennsylvania Ballet getanzt hat und 1973 die New City Ballet Company gegründet hat, während George Skibine und Marjorie Tallchief 1969 mit dem Dallas Civic Ballet neben den großen Klassikern Werke von Balanchine, John Taras, Milorad Miskovitch und Skibine selbst geben.

Das Schicksal der Truppe von Chicago, die mit der Oper zusammenarbeitet, liegt in den Händen von Ruth Page. Unter der künstlerischen Verantwortung von Maria Tallchief erhält das Chicago City Ballet ein autonomes Statut und gründet sein Repertoire hauptsächlich auf die Werke Balanchines. 1968 entsteht auf die Initiative von Nina Popova das Houston Ballet, das später von James Clouser und Ben Stevenson geleitet wird. Das Pacific Northwest Ballet, das seit 1974 in Seattle verwurzelt ist, wird seit 1977 von Kent Stowell und Francia Russell geleitet. Das San Francisco Ballet, das von Lew Christensen und Michael Smuin gegründet wurde, gibt Werke von Robert Gladstein, John McFall, Tom Ruud und Jerome Weiss, deren Bedeutung örtlich begrenzt ist, aber auch von Balanchine und Robbins, Maurice Béjart und John Cranko, Doris Humphrey und Lester Horton.

Ein Schüler von Horton, Alvin Ailey, besitzt eine eigene

Truppe, die 1972 dem New York City Center angeschlossen wird. Sie besteht hauptsächlich aus Schwarzen und bietet ein Repertoire, in dem verschiedene Stile eng miteinander verbunden sind. 1971 bringt *Cry* das Talent von Judith Jamison, einer der erstaunlichsten Persönlichkeiten der choreographischen Welt, zur Geltung.

Trotz einer neuen Sprache hat das Ballett, eine Gattung mit festgefügten Strukturen, in den Werken von Martha Graham seine Identität bewahrt. Selbst wenn der beste Teil ihres Werkes aus den Jahren vor 1965 stammt, so arbeitet sie doch weiter und schuf insbesondere 1975 *Lucifer* für Rudolf Nurejew.

Paul Taylor, ein Schüler von Graham, Humphrey und José Limon, Tänzer bei Balanchine und Merce Cunningham, ist einer der meistbeachteten modernen Choreographen. In seinem Werk sind drei Richtungen zu unterscheiden : ein ausgelassener Humor voller Gags, eine poetische, surrealistische Sicht unserer Welt und große abstrakte Kompositio-

Orpheo
Aaron Osborne und Laura Glenn

Carlota
Carla Maxwell

nen, die wie *Esplanade* zu der Linie gehören, die 1962 durch die bewundernswerte *Auréole* eingeleitet wurde.
Alwin Nikolais schafft Werke, in denen die Körper oft als biegsames Material behandelt werden, das sich zu Traumvisionen eignet, und den Befehlen eines launenhaften Demiurgen zu gehorchen scheinen. Nikolais schreibt die Musik, schafft die Choreographie, die Bühnenbilder, die Kostüme, die Beleuchtung und ist damit der wahre Proteus der Choreographie. Sein wichtigster Tänzer Murray Louis hat auch eine eigene Truppe. Er betont mehr die reine Choreographie, eine freiere Bewegung.
José Limon, einer der größten Choreographen, stirbt 1972. *Dances for Isadora* (1971), *Orfeo* und *Carlota* (1972) sind die letzten Werke dieses Humanisten, dessen Truppe immer noch lebendig ist und ein bedeutendes Repertoire am Leben erhält. Joyce Trisler (gestorben 1979), dessen Arbeit zu der Richtung von Humphrey und Horton gehört, gründet 1974 seine eigene Truppe auf der Grundlage der Trisler-

Canfield
Merce Cunningham und die Dance Company

Wilson-Company der 60er Jahre). Durch Werke von Ted Shawn und Ruth St. Denis in einer Inszenierung mit dem Titel *Der Geist von Denishawn* erringt die Truppe weltweite Berühmtheit.
Ende der 60er Jahre tritt eine junge Generation auf. Louis Falco, ein Schüler und Interpret von Limon, debütiert 1967. Das Publikum und die Kritik entdecken ihn durch *Caviar* (1970) und *Sleepers* (1971). Jennifer Muller folgt ihm auf dem Fuße, anfangs in seiner Truppe, von 1975 an allein. Lar Lubovitch ist weniger ungezwungen und spöttisch als die beiden vorgenannten und bemüht sich mehr um die Klassik (Musik von Bach, Händel oder Mozart, die *Noces* von Strawinsky); er verfügt seit 1968 über eine eigene Truppe.
Mit einer Bewegung, die Anspruch auf eine eigene Motivation erhebt und fern von jeder anekdotischen oder psychologischen Absicht steht, verläßt Cunningham mit Vorbedacht den Weg des Balletts. Mit dem reinen Tanz, dem „pure movement" der Judson Church entsteht eine Strömung, die man „post modern" nennt und die aus einer *Geschichte des Balletts* herausfällt. Die Avantgardeströmungen sind jedoch von den traditionellen Truppen nicht hermetisch getrennt : Cunningham inszeniert für die Pariser Oper *Un jour ou deux*, bevor Douglas Dunn eine *Pulcinella* aufführt (1980); Tharp wendet sich an die Tänzer von Joffrey (mit *Deuce coupe* und *As time goes by*) und arbeitet dann mit dem American Ballet (*Push comes to shove*).

Kanada verfügt zur Zeit über drei große Truppen von internationaler Bedeutung.
Das Kanadische Staatsballett (mit Sitz in Toronto) wird bis 1974 von Carla Franca, dann von Alexander Grant geleitet. Die Truppe ist von englischen Modellen geprägt; auf ihrem Repertoire stehen Werke von Ashton, Tudor, Ninette de Valois, Cranko, Kenneth MacMillan, aber auch von Balanchine, Roland Petit, Flemming Flindt oder John Neumeier. Seine Hauptstars sind Karen Kain und Frank Augustyn (der in diesem Jahr nach Deutschland gegangen ist). Das Royal Winnipeg Ballet, die älteste kanadische Truppe, zeigt Werke von Balanchine, Brian Macdonald, Neumeier, de Mille. In Montreal geben die Grands Ballets Canadiens, die von Ludmilla Chiriaeff gegründet wurden, das klassische

Repertoire, tanzen jedoch auch Fernand Nault und Macdonald (den ortsansässigen Choreographen), Norman Walker und Butler.

In Mexiko ist der moderne Tanz durch Anna Sokolow und Ana Merida, durch Guillermina Bravo und Josefina Lavalle stark verwurzelt. Aus ihren Bemühungen entstanden Truppen wie das Mexikanische Staatsballett oder das Ballet Independante. Das Klassische Ballett von Mexiko (das 1963 von Enrique Martinez gegründet wurde) und das Folkloristische Ballett (das Amalia Hernandez gründete) bedienen sich anderer Ausdrucksformen.

In Kuba verkörpert eine außergewöhnliche Persönlichkeit den Tanz : Alicia Alonso, die «Seele» des Kubanischen Staatsballetts, das sie gründete und das sie immer noch leitet. Hier wurden berühmte Startänzer entdeckt : Josefina Mendez, Loipa Araujo, Marta Garcia, Mirta Pla, Maria Elena Llorente, Amparo Brito und unter den Männern Jorge Esquivel, Andres Williams, Orlando Salgado, Lazaro Careno. Unübertrefflich ist die Ballettruppe in *Giselle* oder der *Sylphide*. In Kuba gehen alle Bemühungen dahin, die Kubanische Ballettschule zu fördern, die auf den spezifischen Qualitäten eines Volkes beruht, in dem amerikanische, afrikanische (durch die schwarze Bevölkerung) und

Carmina Burana

europäische (durch die Bevölkerung spanischer Herkunft) Einflüsse zusammenkommen. Diese Schule ist durch originelle afro-kubanische Themen und im Technischen durch eine Ausbildung des Oberkörpers und der Arme gekennzeichnet, wodurch die klassische Strenge gelockert wird. Vor kurzem wurde in Kuba ein sehr begabter Choreograph entdeckt : Alberto Mendez, dessen ausgezeichnetes *Tarde en la siesta* (1973) mit seiner sensiblen Schilderung der Stimmungen von vier Frauen zur reinsten Tradition des psychologischen Balletts gehört.

Auf der kubanischen Insel gibt es noch weitere bedeutende Truppen : die Folkloristische Gruppe Kubas und Danza Nacional de Cuba, eine Truppe moderner Tendenz, die unabhängig von amerikanischen Modellen mit Werken von Arnaldo Patterson, Eduardo Rivero oder Victor Cuellar arbeitet. 1967 entsteht in Camagüey eine klassische Truppe unter der Leitung von Alberto Alonso. Schließlich findet alle zwei Jahre in Havanna ein Festival statt, ein wahres Forum für internationalen Austausch. Der südamerikanische Kontinent hingegen bleibt im choreographischen Bereich stark unterentwickelt. In Argentinien ist aus dem berühmten Teatro Colon von Buenos Aires seit langem kein Choreograph oder Tänzer von internationalem Rang hervorgegangen. Oscar Araiz hingegen, der schon 1968 im Teatro San Martin in der näheren Umgebung von Buenos Aires debütierte, leitet heute das Ballett von Genf.

Das Internationale Ballett von Caracas, das 1975 gegründet wurde, ist der direkte Nachfolger des Harkness Balletts. Nebrada ist dessen künstlerischer Leiter und Hauptchoreograph; Zhandra Rodriguez hat sich als die starke Persönlichkeit der Truppe behauptet.

In Brasilien stehen das Ballett des Stadttheaters von Rio de Janeiro und das Stagium-Ballett von Sao Paolo im Mittelpunkt der Aufmerksamkeit. Mehr aber auch nicht.

Michel Descombey, der von 1962 bis 1969 Ballettmeister der Pariser Oper war, versucht die Tradition mit neueren Bestrebungen zu verbinden. 1965 wird Maurice Béjart für einen Strawinskij-Abend mit dem *Renard*, den *Noces* und dem *Sacre du printemps* eingeladen. Im gleichen Jahr inszeniert Roland Petit *Notre-Dame de Paris*, worin die Gestalten Victor Hugos in ihrer vollen Kraft und Wahrheit auferstehen. Drei Jahre später zeigt er *Turangalila*, ein abstraktes, anspruchsvolles Werk, das mit der Reihe der literarischen Illustrationen bricht, wie Petit sie vorher liebte. Descombey verzichtet nicht auf seine eigene choreographische Arbeit : er entstaubt *Coppelia* (1966), dann auch *Bacchus und Ariadne* (1967), indem er die Handlungen dieser Ballette in andere Zeiten und Orte verlegt. Der Amerikaner Taras folgt ihm 1969 nach ; er bleibt nur ein Jahr lang an der Spitze der Truppe, da seine Bemühungen durch Sitten und Gebräuche behindert werden, mit denen er nicht vertraut ist. Claude Bessy sichert den Übergang bis zur Ankunft von Raymond Franchetti (1971-77) ; dieser war früherer erster Tänzer des Hauses, wie es schon Descombey gewesen war. Zwei Jahre nach seiner Ernennung beginnt die

Der Nachmittag eines Fauns Ghislaine Thesmar und Michael Denard

seither sogenannte „Liebermann-Ära". Die Oper knüpft an die großen Gesangsfeste der Vergangenheit an, ohne daß die Ballettruppe, die nach der Schließung der Komischen Oper um deren Tänzer vermehrt wird, einen ähnlichen Umsturz erlebte. Unter Franchetti werden einige klassische Stücke wieder aufgeführt : *Giselle* (1972), *Dornröschen* (1974) von Alonso, *Die Sylphide* (1972) und *Coppelia* (1973) von Pierre Lacotte. Großen Musikern wie Varèse (1973), Strawinskij (1974), Ravel (1975) werden Huldigungen erwiesen. Für die beiden letzteren werden nach dem Erfolg der New Yorker Festivals von 1972 und 1975 Balanchine und Robbins eingeladen.
So erfolgt auch eine Öffnung zum modernen amerikanischen Tanz hin. Cunningham inszeniert für die Truppe *Ein oder zwei Tage* (1973), und Carolyn Carlson, die im gleichen Jahr zum Starchoreographen ernannt wird, erhält im Januar 1975 den Auftrag, die Experimentalgruppe der Pariser Oper zu leiten, die neben der traditionellen Truppe eine originelle, lebendige Zelle bildet. Petit, Tetley, Bronislawa Nijinska, Juri Grigorowitsch u.a. bringen die Tänzer der Oper zur Geltung, deren Repertoire mehr denn je alle Stile umfaßt. 1977 wird Violette Verdy, die französische Startänzerin von Balanchine, Nachfolgerin von Franchetti. Drei Jahre später wechselt sie von Paris nach Boston über. Nach der Ernennung von Bernard Lefort als Generalintendent kommen Rosella Hightower (als künstlerische Leiterin) und Georges-François Hirsch (als Ballettdirektor). Am 31. Oktober 1980, am Eröffnungsabend, sieht man die folgenden Tänzer : Cyril Atanassoff, Patrice Bart, Florence Clerc, Michaël Denard, Patrick Dupond (der seinen am Vortag erhaltenen Titel einweiht), Jean-Pierre Franchetti, Jean Guizerix, Charles Jude, Georges Piletta, Wilfride Piollet, Noëlla Pontois, Claudette Scouarnec, Ghislaine Thesmar, Nanon Thibon, Claude de Vulpian. Zahlreiche internationale Stars werden im Laufe der Saisons eingeladen : insbesondere Rudolf Nurejew (auch als Choreograph von *Schatten* und von *Manfred*), Barychnikow, Martins, Schaufuss, Verdy, Makarowa, Farrell und Karen Kain.

Coppelia
Peter Schaufuss

Zwar bleibt die Oper das erste „Schaufenster" des französischen Balletts, doch muß man die geduldigen, beharrlichen Bemühungen hervorheben, die unternommen worden sind,

um den Tanz aus der Klemme der kulturellen Zentralisierung zu befreien. Ob sie nun Teil einer Gesamtpolitik oder unabhängig sind, sie zeugen von dem Willen, zahlreiche regionale Zentren zum Leben zu erwecken.
Das Ballet-Théâtre Contemporain, das 1968 in Amiens gegründet wurde, wird zehn Jahre lang Jean-Albert Cartier anvertraut, der sich darum bemüht, ein Repertoire mit einer dreifachen Bestrebung aufzubauen : in choreographischer, musikalischer und szenographischer Hinsicht soll eine im wesentlichen zeitgenössische Wahl getroffen werden. Die Truppe emigriert nach Angers (1972), zieht dann nach Nancy (1978); immer noch unter der Leitung von Cartier wird sie zum Ballet-Théâtre Français und verändert ihr Programm : Erstaufführungen sind nicht mehr das einzige Ziel, und große Werke dieses Jahrhunderts finden Eingang ins Repertoire (*Die Schlafwandlerin, Der wunderliche Laden* oder *Die Hirschkühe*).

Nach dem Fortgang Joseph Lazzinis aus Marseille im Jahre 1969 (und der sehr kurzen Lebensdauer des Théâtre Français de la Danse, zu dessen Leiter er berufen wird), nach der intelligenten Arbeit von Rosella Hightower erhält Marseille

Giselle
Noëlla Pontois
und Michail
Barychnikow

Autumn Field
Ballet-Théâtre
de Nancy

eine eigene Truppe : die Ballets de Marseille-Roland Petit (1972). Die Truppe lädt internationale Stars ein (Araujo, Kain, Elisabetta Terabust, Schaufuss und Barychnikow), bestätigt die Talente von Rudy Bryans und Denys Ganio, entdeckt die frühere Operntänzerin Evelyn Desutter und Jean-Charles Gil, während Zizi Jeanmaire bei ihrem Wiederauftreten in der *Fledermaus* Beachtung findet.

Das Rheinballett (Ballet du Rhin), das in Mulhouse über ausgezeichnete Räumlichkeiten verfügt, ist eine traditionelle Truppe, deren heutige Gestalt das Resultat verschiedener Direktionen ist : Jean Babilée von 1972 an, dann Denys Carey, Peter van Dyk und heute Jean Sarelli. Für diese

Hopop
Ballet-Théâtre Contemporain

Truppe hat Lacotte die Pariser *Giselle* von 1841 in ihrem ursprünglichen Bühnenbild und Kostümen (und nicht in der „russifizierten" Fassung, die man gewöhnlich sieht) glanzvoll rekonstituiert. Sarelli, ein früherer Repetitor der Pariser Oper, kommt mit einigen Mitgliedern der dortigen Ballettruppe nach Mulhouse und nimmt Schüler auf, die von der Ballettschule verwiesen wurden : dieser Gruppe „Marie-Louise" kann man mangelnden Schwung nicht vorwerfen.
In wenigen Jahren hat sich Lyon als zweiter choreographischer Mittelpunkt Frankreichs durchgesetzt. Von 1969 bis 1977 leitet hier Vittorio Biagi das Ballett der Oper und gibt der Truppe neues Leben und ein Repertoire mit vorwiegend

lyrischen Stücken. Ihm folgt Milko Sparemblek nach (1977-1980), dessen Stelle jetzt Françoise Adret einnimmt. 1980 wird in Lyon das erste „Tanzhaus" eröffnet; es geht auf die Arbeit der ADRA, einer Vereinigung zurück, die aus fünf kleinen Truppen besteht. Diese neue Stätte ist ein wahrer Prototyp, der weiteren ähnlichen Versuchen zum Vorbild dienen könnte. 1974 kommt nach La Rochelle das Théâtre du Silence (das 1972 von Jacques Garnier und Brigitte Lefèvre gegründet wurde, die an der Oper ihre Demission gegeben haben). Die Truppe stand geistig und ästhetisch lange unter dem Einfluß von Descombey, dann interessiert sie sich für die Arbeit von Cunningham (von dem sie *Summerspace* und *Changing steps* tanzt) und von Lubovitch. 1980 wird Garnier zum Leiter der Choreographischen Experimentalgruppe der Oper berufen und überläßt Brigitte Lefèvre die künstlerische Leitung der Truppe.

Das Jahr des Pferdes
Carolyn Carlson

Félix Blaska, ein vielversprechender Choreograph, arbeitet von 1972 bis 1974 im Haus der Kultur von Grenoble, macht sich dann wieder selbständig und emigriert in die Vereinigten Staaten, um sich zu erneuern. Er tanzt heute mit dem Crowsnest Trio, das aus der Philobolus-Gruppe hervorgegangen ist. Sein Beispiel zeugt von den Schwierigkeiten, die junge Choreographen haben, wenn sie einen Neubeginn versuchen. 1978 übernimmt Gigi-Gheorghe Caciuleanu die Leitund des Choreographischen Theaters von Rennes, nachdem er während mehrerer Saisons in Nancy gearbeitet hat; Christian Taulelle wird mit der Leitung des Balletts der Oper des Nordens beauftragt (1979); Dominique Bagouet ist gerade zum Leiter des neuen Regionalen Choreographischen Instituts von Montpellier ernannt worden.

Das Beispiel einer Carolyn Carlson und einer Susan Buirge ermutigt jedoch zahlreiche junge Leute dazu, bei der allgemeinen Verbreitung der Kreativität ihre eigene Truppe zu bilden, manchmal nur für einen Ballettabend, nach dem die Gruppe sich wieder auflöst und erst zu einem anderen Schauspiel wieder zusammenkommt. Auch ein choreographischer Wettbewerb wie das Ballet pour Demain (das von Jaque Chaurand gegründet wurde und von ihm geleitet wird) spielt eine bedeutende Rolle bei der gegenwärtigen raschen Vermehrung der kleinen Truppen. Hier überwiegt die Ausdrucksfreiheit, manchmal auf Kosten der Kriterien von Qualität und Professionalismus.

In Deutschland gibt es keine kulturelle Zentralisierung wie in Frankreich oder England. Jede große Stadt besitzt eine Ballettruppe mit vollständiger oder relativer Selbständigkeit : zum Beispiel Braunschweig, Darmstadt, Freiburg, Gelsenkirchen, Hannover, Heidelberg, Karlsruhe, Kassel, Kiel, Mannheim, Münster, Nürnberg, Oldenburg, Saarbrücken, Ulm, Wiesbaden. Welches sind jedoch die Zentren?

Cranko, ein Südafrikaner mit englischer Ausbildung, kommt 1961 nach Stuttgart und arbeitet hier bis zu seinem tödlichen Unfall im Jahre 1973 ; dank ihm erhält die Stadt eine der weltbesten Truppen. Er interessiert sich für Ballette mit Handlung wie *Romeo und Julia* (1962), *Eugen Onegin* (1965) und *Der Widerspenstigen Zähmung* (1969);

Sacre du printemps
Hamburger Ballett

parallel dazu schafft er abstraktere, linearere Choreographien wie *Opus I* (1965), *Vier Bilder* (1968), *Nebel* (1970), *Anfangsbuchstaben RBME* (1972). Diese Werke gelangen durch die Truppe bald in die ganze Welt; daher wird von 1970 bis 1973 eine zweite, seßhafte Truppe, das Noverre-Ballett gebildet. Berühmte Tänzer behaupten sich in Stuttgart : Haydée, Richard Cragun, Egon Madsen und Birgit Keil. Parallel dazu gründet Fritz Höver die Noverre-Gesellschaft, eine wahre Plattform der Begegnungen zwischen dem Publikum und jungen Choreographen. Hier debütieren insbesondere Neumeier und Jiri Kylian, zwei bedeutende Talente. Nach Crankos Tod leitet Tetley die Truppe von 1974 bis 1976, doch ohne Erfolg; man wendet sich daher an Haydée, die Crankos Stil treuer bleibt. Damit ist das Überleben des Repertoires gesichert, während zugleich junge Choreographen sich dem Publikum vorstellen können : Rosemary Helliwell, William Forsythe, Patrice Montagnon und Uwe Scholz. 1978 kommt Neumeier in die Stadt seiner Anfänge zurück und inszeniert eine *Kameliendame* für Haydée.

Neumeier wird 1973 zum Leiter des Hamburger Balletts ernannt. Sein Vorgänger Peter van Dyk hat es zwischen 1962 und 1970 verstanden, die Truppe mit einem Repertoire zu versehen, in dem die Werke von Balanchine überwogen, so daß sie — ohne Vernachlässigung der eigenen Kreationen — zu einer Art europäischem Brückenkopf des New York City Ballet wurde. Um seine ersten Erfahrungen in Stuttgart und in Frankfurt bereichert, wo er seinem Talent Anerkennung zu verschaffen wußte, kommt Neumeier in Hamburg mit einem schmeichelhaften Ruf an. Er gibt der Truppe oder wenigstens ihrem Repertoire sein persönliches Gepräge. Er inszeniert abwechselnd Handlungsballette und große lyrische Fresken, in denen die Bewegung die Gefühle zum Ausdruck bringt; so entsteht der sehr romantische *Meyerbeer-Schumann* (1974), die prachtvolle *Dritte Symphonie* von Mahler (1975), ein *Schwanensee* im Spiegel der Geschichte und der psychoanalytischen Phantasmen (1976) und ein *Sommernachtstraum*, in dem er vielfältige musikalische und choreographische Gattungen zusammenstellt.

Nach Tatjana Gsowsky, die bis 1966 vor allem Uraufführungen inszeniert, übernimmt MacMillan die Leitung des

Balletts der Westberliner Deutschen Oper und setzt eine klassischere Tendenz durch. Er leitet auch mehrere eigene Werke, besonders den Einakter *Anastasia* (1967), ein Ballett, das später in London in einer Version in drei Akten gegeben wurde. Die ergreifende Inszenierung stammt hier von Lynn Seymour. Sie folgt 1978 in München Dieter Gackstetter nach. Das Ballettleben in der bayrischen Hauptstadt ist wechselvoll und schwierig (sechs Leiter in weniger als fünfzehn Jahren). Das Wirken eines Cranko (wie kurz es auch war), eines Ronald Hynd, einer Seymour, die alle eine englische Ausbildung hatten, hat dem Repertoire eine angelsächsische Richtung gegeben : Frederick Ashton, Cranko, Ben Stevenson, Peter Wright, MacMillan, Christopher Bruce. Dieser Prozentsatz ist auf einer deutschen Bühne ungewöhnlich hoch.

1964 wird Erich Walter zum Leiter des Balletts der Deutschen Oper von Düsseldorf-Duisburg ernannt (die beiden Städte arbeiten im Bereich der Künste zusammen, und die Darbietungen werden abwechselnd in der einen und in der anderen gegeben). Er schafft ein Repertoire aus Werken von Balanchine, Massin, Nijinska, Cranko und Hans van Manen, erneuert die Meisterwerke des vergangenen Jahrhunderts und wird durch ehrgeizige eigene Werke bekannt : das *Streichquartett Nr. 1* von Janacek, den *Sacre du printemps* und die *Dritte Symphonie* von Skrjabin.

1971 entsteht in Köln aus einer Umgestaltung der städtischen Truppen das Tanz-Forum, das anfangs von einer „Troika" von Choreographen geleitet wird : Helmut Baumann, Jochen Ulrich und Gray Veredon. Jürg Burth wird der Nachfolger Baumanns und scheidet seinerseits 1975 aus. Heute ist Ulrich der einzige Herr an Bord. Gegeben werden Kreationen von Kurt Jooss und Limon neben solchen von Jüngeren : Norman Morrice, Zoltan Imre, Reinhild Hoffmann, Bruce und natürlich den vier schon genannten Leitern.

Zwischen 1969 und 1973 erlebt das Frankfurter Ballett mit Neumeier seine Glanzzeit. Dieser inszeniert das sensible und musikalische *Dämmern,* gestaltet den Don Juan-Mythos, verlegt die Handlung von *Daphnis und Cloe* geschickt an den Anfang unseres Jahrhunderts und stürzt die gewohnte Darstellungsweise des *Nußknackers* und von *Romeo und Julia* um. Seither scheint die Truppe zu stagnieren. Weder Alfonso Cata (trotz der Hilfe von Balanchine) noch Francia Russell und Kent Stowell, noch Fred Howald (ein früherer Tänzer von Neumeier) können den Ruf der Truppe aufrecht erhalten, die kürzlich Egon Madsen berufen hat.

Zwischen den beiden Kriegen herrschte in Deutschland der Expressionismus in allen Kunstarten. In Essen existiert noch die Folkwangschule von Jooss und eine Truppe, die heute von Susanne Linke geleitet wird und in der eine bestimmte Ästhetik des Tanzes weitergeführt wird. In ähnlichem Geiste arbeitet in Bremen Reinhild Hoffmann, die dort Gerhard Bohner assistiert. Das glänzendste, stärkste Produkt dieser Schule bleibt jedoch Pina Bausch. Seit 1973 hat diese frühere Schülerin der Essener Folkwangschule in Wuppertal ihre außergewöhnliche Persönlichkeit durchgesetzt. Die Kraft ihrer politischen Sprache, die Heftigkeit ihrer Angriffe auf die Machthaber und die männlichen Privilegien, der Pessimismus ihres Blickes auf das Leben der Menschen sind mit einer direkten, brutalen Ausdrucks-

Blaubart
Wuppertaler Ballett

weise und einem scharfen Sinn für die Inszenierung verbunden, wobei sie sich auf eine beachtliche Gruppe von darstellende Tänzern stützt.

Das Londoner Königliche Ballett wurde von drei Direktoren geprägt : Ninette de Valois, Ashton und jetzt MacMillan, der sich heute der Choreographie widmet, nachdem er die ermüdenden Verwaltungsaufgaben von sich abgewälzt hat. Die Truppe interpretiert ein weitläufiges Repertoire von Petipa bis Tetley, und MacMillan erneuert die Tradition des Handlungsballetts mit *Romeo und Julia* (1965), *Anastasia* (1971), *Manon* (1974), *Mayerling* (1978). Zwei Jüngere sind sehr vielversprechend : David Bintley und Michael Corder. Im Laufe von fünfzehn Jahren sind hier zahlreiche Stars berühmt geworden : das Paar Fonteyn-Nurejew, das die Massen anzieht, Seymour, der ideale Darsteller von MacMillan, Merle Park, David Wall, Antoinette Sibley und Anthony Dowell ; dazu kommen die Gäste der großen Abende : Makarowa und Barychnikow. Die Truppe hat jedoch an Abgängen (vor allem Dowell) gelitten und befindet sich derzeit in einer Talsohle. Es gibt auch eine zweite Truppe mit kleinerer Mitgliederzahl, deren Aufgabe es ist, in der Provinz aufzutreten : nach mehreren Benennungen heißt sie heute Sadler's Wells Royal Ballet (nach dem Sadler's Wells Theatre, ihrem Ausgangsort). 1964 gründet Peter Brinson das Ballet for All, eine kleine Zusatztruppe, die das Repertoire einem Anfängerpublikum vorstellen soll. Sie wird von 1971 bis 1976 von Alexander Grant, dann von David Adams geleitet.
Nach einer klassischen Periode kehrt das Rambert-Ballett zu seiner anfänglichen Absicht zurück : der, Choreographen zu entdecken. So steht es 1966. Norman Morrice, der zunächst stellvertretender Direktor, dann von 1970 bis 1974 Direktor ist, leistet eine grundlegende Arbeit. Ihm folgt John Chesworth (schon seit 1975 mit der Hilfe von Bruce, dann seit 1979 von Prudence Skeene) nach. Das Rambert-Ballett macht Chesworth und Bruce berühmt, steht jedoch auch unter dem Einfluß von Tetley.
Das London Festival Ballet wird lange von Beryl Grey, der früheren Tänzerin geleitet, ehe sie ihren Platz John Field und Elizabeth Anderton überlaßt (1979). Diese vor allem klassisch orientierte Wandertruppe lädt zahlreiche

berühmte Gäste ein : Nurejew, dessen Mitarbeit hier sehr aktiv ist, Maina Gielgud, Terabust, Bart, Peter Breuer, Eva Evdokimowa, Schaufuss, Galina Samsowa (die 1972 mit André Prokovsky das heute aufgelöste New London Ballet gründet).
1967 entsteht die London Contemporary Dance Group. In einem Land, in dem die klassische Tradition vorherrscht, ist dies eine begrüßenswerte Förderung des modernen Tanzes durch die Graham-Technik; Robert Cohan war lange Zeit der Partner Grahams. Die Truppe, zu der eine Schule hinzukommt, heißt heute London Contemporary Dance Theatre und zeigt Werke von Graham, Taylor, Sokolow, doch auch von Noemi Lapzeson, Siobhan Davies oder Richard Alston, die zu verschiededenen Perioden alle einmal Tänzer der Truppe waren.
Aufgrund eines schüchternen Versuchs zur Dezentralisierung entsteht das Northern Theatre, das 1969 von Laverne Meyer in Manchester gegründet wird. Nachdem Robert de Warren im Dezember 1976 die Leitung übernommen hat, tauft er es im Mai 1977 auf den Namen Northern Dance Ballet Theatre um und bezeichnet durch die Hinzufügung des Wortes „Ballett“ eine präzisere Richtung.

In Belgien kristallisiert sich der Tanz um drei offizielle Truppen : das Ballet du XXe Siècle (Brüssel), das Königli-

Agon
Königliches Ballett
London

che Ballett von Flandern (Antwerpen) und das Königliche Ballett von Wallonisch-Belgien (Charleroi). Die erste ist das bevorzugte Instrument von Maurice Béjart, der 1959 von Maurice Huisman ernannt wurde, um dem Tanz in Belgien neues Leben zu verleihen. Das Abenteuer des „Balletts des 20. Jahrhunderts" ist außergewöhnlich; seit fünfzehn Jahren durchquert es die ganze Welt und tritt in den verschiedensten Räumlichkeiten auf : italienischen Sälen, Sportpalästen, Ruinen von Baalbeck und Straßen von Venedig, in gigantischen Arenen und auf improvisierten Bühnen. Béjart, ein Choreograph mit klassischer Ausbildung hat seinen eigenen Stil ausgearbeitet, mit dem er sowohl allgemeine wie persönliche Themen entfaltet. Seine starke, aufrichtige und großmütige Persönlichkeit drückt sich abwechselnd in sehr linearer Abstraktion und in barocken Ausschweifungen, im eigentlichen Ballett und im totalen Theater aus.

Béjart erreicht oft das Zeitlose, Allgemeingültige, wie in *Romeo und Julia* (1966); er beschwört Baudelaire (1968), *Nijinsky*, den Cocteau den „Clown Gottes" nannte (1971), oder *Molière* (1976), die indischen Gottheiten in *Bakhti* (1968) oder die Mythen des Orients in *Golestan* (1973); indem er die klassischen Übungen in *Die Kunst der Ballettstange* (1968) theatralisiert und die Schatten der Romantik im *Lied des fahrenden Gesellen* (1971) oder der *Dichterliebe* (1978) heraufbeschwört, zeigt er uns ein Werk, das in unserer Zeit verwurzelt ist, das jedoch auch allen Zeiten und allen Kontinenten angehört. Jorge Donn, Gielgud, Bortoluzzi, Daniel Lommel, Farrell, Tania Bari, der verstorbene Patrick Belda, Rita Poelvoorde, Shonack Mirk, Patrice Touron, Victor Ullate, Ivan Marko waren oder sind neben vielen anderen die Interpreten eines umstrittenen, doch kraftvollen und fesselnden Werkes. Zur Fortsetzung dieser schöpferischen Arbeit wollte Béjart einen pädagogischen Weg weisen, indem er Mudra, eine Schule für mehrere Fachrichtungen, in Brüssel, doch auch in Dakar (wo Germaine Acogny die Schule Mudra-Afrika leitet) und bald in Paris eröffnet.

Bakhti
Jorge Donn

Das Königliche Ballett von Flandern, das 1969 gegründet wurde, besitzt eine selbständige Truppe und eine Gruppe, die Opernballette tanzt. Jeanne Brabants, die Leiterin, und André Leclair gestalten den Hauptteil des Repertoires, zu dem auch Werke von Jooss, de Valois, Birgit Cullberg, Flindt, Rudi van Dantzig, van Manen oder Butler gehören. Die wallonische Truppe, die 1966 aus der Verschmelzung mit dem Ballet du Hainaut hervorging, wurde lange von Hanna Voos geleitet. Ihr Nachfolger ist heute Guy Rassel. Die Kubaner Jorge Lefèvre und José Parès arbeiten regelmäßig mit dieser Truppe zusammen, deren Repertoire vor allem klassisch ist.

Im Bereich des Tanzes sind die Niederlande ein neues Land, denn die Gründung der ersten Truppe — des Scapino Ballet — geht auf das Jahr 1945 zurück. Es ist eine Truppe, die sich an ein junges Publikum wendet, ebenso wie das modernere Werkcentrum Dans. Die beiden bedeutenden Truppen sind jedoch das Staatsballett und das Nederlands Dans Theater.
Das Staatsballett (Het Nationale Ballet) ist aus der Verschmelzung des Nederlands Ballet von Sonia Caskell mit dem Amsterdam Ballet von Macha ter Weeme entstanden. Van Dantzig übernimmt die Leitung im Jahre 1968. 1965 wurde er durch *Monument for a dead boy*, ein stürmisches, empfindsames Ballett bekannt, eines der ersten, die das Thema der Homosexualität behandelten. Heute bestreiten drei Choreographen den Hauptteil des Repertoires : van Dantzig, van Manen und Toer van Schayk, der auch Bühnenbildner ist.
Das Nederlands Dans Theater verliert 1969 seinen Gründer Benjamin Harkarvy, der ins Ausland geht. Ihm folgen van Manen und Tetley nach und setzen formale Ballette durch, in denen die plastische Eleganz vorherrscht. 1971 wird Falco dazu eingeladen, hier seine ersten Schritte in Europa mit einer Uraufführung zu machen : *Journal*. Nach mehreren ermutigenden Erfolgen wird 1976 der Tscheche Kylian zum Leiter der Truppe ernannt. Durch Werke wie *Die versunkene Kathedrale, Verklärte Nacht, Elegie, Symphonie der Psalme, Glagolithische Messe* setzt er rasch sein sehr persönliches Talent durch.

Zwar handelt es sich hier nicht um ein erstrangiges Land für die Choreographie, doch verdienen mehrere Schweizer Truppen Beachtung. Bis 1967 bemüht sich Vaslav Orlikovsky in Basel, große spektakuläre Produktionen zur Gel-

Dichterliebe
Jorge Donn

tung zu bringen. Von 1970 bis 1973 herrscht der persönliche Stil von Pavel Smok und Lubos Ogoun, den Gründern des Ballet Praha. Es folgt ein echter Baseler, Heinz Spoerli; er verschafft sich einen soliden Ruf durch seine geschickten Aufführungen der *Nußknacker*-Suite, von *Romeo und Julia* und des *Sommernachtstraums*. Unter der Leitung von Alfonso Cata, dann von Patricia Neary steht das Genfer Ballett im Zeichen Balanchines.

Neary verläßt Genf 1978 und geht nach Zürich; sie wird durch van Dyk ersetzt; es folgt der Argentinier Araiz für die Saison 80-81.

Nach seinem Fortgang von Paris arbeitet Descombey bis Dezember 1972 in Zürich. Ihm folgt Geoffrey Cauley (1973-75), dann kommen Hans Meister und Jürg Burth (früher Tanz-Forum), schließlich Neary, die sich weiterhin für das Repertoire von Balanchine einsetzt; ein Teil der Genfer Tänzer sind ihr dabei gefolgt. In Luzern leistet Riccardo Duse mit geringeren Mitteln eine seriöse Arbeit; 1979 folgt er in Bern Jiri Halamka nach (während in Luzern Dieter Ammann an seine Stelle tritt). Auch Sankt Gallen verfügt über eine bescheidene Ballett-Truppe, und vor allem macht sich Lausanne durch einen jährlichen Wettbewerb Ehre, der den jungen Tänzern vorbehalten ist, die Jahresstipendien für große Schulen erhalten.

Italien, neben Frankreich der Geburtsort des klassischen Tanzes, befindet sich in einer wechselvollen Situation. Infolge der häufigen Wechsel der künstlerischen Verantwortlichen und des Mangels einer wirklichen langfristigen Politik bleibt die Lage in vielen Theatern ziemlich anarchisch. In Mailand, Rom, Neapel, Turin oder Venedig leben die Ballettruppen einigermaßen im Schatten der Gesangsstars. Das Festival von Nervi, das von Spoleto oder Verona verleihen den choreographischen Veranstaltungen im Sommer einigen Glanz, doch handelt es sich zumeist um ausländische Truppen. Im Herbst 1980 kommt Carolyn Carlson nach Venedig, um dem modernen Tanz in einem Land etwas Aufschwung zu geben, in dem die klassische oder neoklassische Tradition vorherrscht; davon zeugt die Arbeit der markantesten Choreographen : Aurelio Milloss (der in Ungarn zur Welt kam, jedoch seit 1938 in Rom wohnt), Roberto Fascilla, Ugo dell'Ara, Amedeo Amodio oder Mario Pistoni. Zu den größten italienischen Tänzern gehören heute Carla Fracci und Bortoluzzi, Luciana Savignano und Terabust.

Unter der Leitung von Macdonald (bis 1966), Erik Bruhn (1967-71), James Moore (1972-75) und jetzt Ivo Cramer hat sich das Königliche Schwedische Ballett bemüht, ein Gleichgewicht zwischen dem klassischen Repertoire und zeitgenössischen Werken zu finden. Die Tänzer verfügen insbesondere über die dramatische Begabung, die es ihnen ermöglicht, in Stücken von Robbins, Cullberg oder Limon zu glänzen. Cramer, ein Schüler von Cullberg, gründet auch 1968 seine eigene Truppe, die von Tyyne Talvo, seiner Frau geleitet wird; das Repertoire besteht vor allem aus pantomimischen Balletten. Cullberg, eine Schülerin von Jooss und Graham, ist die große Figur des schwedischen Balletts. *Romeo und Julia,* wobei sie die Handlung geschickt gedrängt hat (1969), *Bellmann* (1971) und *Revolte* (1973) sind vielbeachtete Werke. Cullberg arbeitet auch eng mit dem Fernsehen zusammen; dadurch kann sie ihre choreographische Sprache außerhalb des Theaters weiterentwickeln. Ihr Sohn Mats Ek zieht ebenfalls sehr rasch die allgemeine Aufmerksamkeit durch die dramatischen Stärken seiner ersten Stücke auf sich.
In Malmö und Göteborg befinden sich zwei weitere bedeutende choreographische Zentren. In Göteborg leistet Elsa-Marianne von Rosen, die als erste in Cullbergs *Mademoiselle Julie* auftrat, zwischen 1970 und 1976 eine beachtliche Arbeit. Ihre intelligenten, raffinierten Produktionen der *Sylphide, Napoli* oder *Schwanensee* haben großen Erfolg, während sie zugleich persönliche Werke wie *Utopia* (1974) nach der Partitur von Offenbachs *Papillon* inszeniert. Ulf Gadd, ein in Skandinavien vielbeachteter Choreograph, folgt ihr 1977 nach. In Malmö zeigt Conny Borg ein Repertoire, das sich bis zur Ankunft von Rosens im Jahre 1979 bewährt hat.

Kopenhagen, die Heimatstadt von August Bournonville, ist der Sitz des berühmten Königlichen Dänischen Balletts. Im November 1979, zum hundertsten Jahrestag des Todes des berühmten Choreographen, versammelte ein Festival alle Ballette, die überlebt haben und die dank der Perfektion eines klassischen Unterrichts, der hier wie nirgends sonst weitergeführt wird, noch gezeigt werden können. Flindt, der 1966 zum Leiter des Balletts ernannt wird, wendet sich Neuschöpfungen zu. Er selbst ist ein ehrgeiziger Choreograph, wie *Der Triumph des Todes*, der anfänglich für das Fernsehen ausgeführt wurde, und *Ein heiratsfähiger junger Mann* nach Ionesco bezeugen, wobei die theatralische Dimension vorherrscht. Er wendet sich sogar an Henryk Tomaszewski für *Gepäck* (1969), worin die expressionistische Pantomime überwiegt, an Taylor (*Nimbus* im Jahre 1968), an Murray Louis (*Hoopla* 1976 und *Kleopatra* 1977). Henning Kronstam folgt ihm 1978 nach; zwar beginnt er sein Mandat mit einer Tetley-Aufführung, doch bemüht er sich hauptsächlich um die Erhaltung der Tradition von Bournonville.

Das Norwegische Staatsballett (in Oslo) und sein finnisches Gegenstück (in Helsinki) sind nicht so berühmt wie ihr dänischer Nachbar.
Diese Übersicht über den Tanz in Europa kann man nicht abschließen, ohne einige andere Truppen zu erwähnen. An der Wiener Oper sind die Bemühungen Orlikovskys zwischen 1966 und 1971 zu nennen (er arbeitet heute in Graz); Aurelio Milloss arbeitete hier von 1971 bis 1974, Gerhard Brunner von 1976 bis 1980; Nurejew war häufig als Tänzer und Choreograph eingeladen. 1979 entsteht in Spanien das Klassische Staatsballett Spaniens unter der Leitung von Ullate, einem der besten Tänzer von Béjart. In Portugal unterstützt seit 1965 die Gulbenkian-Stiftung finanziell die Truppe, die den gleichen Namen trägt; an ihrer Spitze zeichnen sich Walter Gore, Sparemblek und Jorge Salavisa aus. 1977 entsteht das Klassische Staatsballett von Portugal.

Zwischen dem Moskauer Bolschoi und dem Leningrader Kirow-Ballett besteht eine unterirdische Rivalität. Das Kirow-Ballett, das die große Tradition des 19. Jahrhunderts weiterführt, die Wiege der großen Künstler von Diaghilews Russischem Ballett, bleibt eine bewundernswerte akademische Schule. Seine Tänzer gehören zu den besten der Welt. Nach Nurejew (der 1961 in den Westen ging) wanderten auch Makarowa und Barychnikov ab. Das Kirow-Ballett bringt jedoch auch Juri Solowiew, Irina Kolpakowa, Alla

Romeo und Julia
Ekaterina Maximowa und Wladimir Wassiliew

Notre-Dame de Paris
Olga Tchentschikowa

Sizowa, dann Gabriela Komlewa und Olga Tschenschikowa (die wie Ljubow Kunakowa aus Perm stammt) hervor. Das Kirow-Ballett wird seit 1977 von Oleg Vinogradow geleitet (davor liegt die lange Regierungszeit von Konstantin Sergejew und die von Igor Belski zwischen 1972 und 1977) und macht schüchterne Neuerungsversuche : so wird Roland Petit zu einer Inszenierung von *Notre-Dame de Paris* eingeladen.

Auch das Bolschoi-Theater verfügt über eine Plejade von großen Interpreten : Maja Plissetskaja, Maria Liepa, Wladimir Wassiljew, Ekaterina Maximowa, Natalia Bessmertnowa, Michail Lawrowski, Nadjeda Pawlowa (das Wunderkind aus Perm), Juri Wladimirow, Wjatscheslaw Gordeew oder Alexander Godunow (der 1979 im Westen bleibt). Diese großartigen Interpreten hätten es verdient, daß die Choreographie in ihrem Lande einen ähnlichen Aufschwung erlebte wie in Europa oder in Nordamerika. Das Handlungsballett steht weiterhin in der Gunst des Publikums, mit seinen Helden, seinen mächtig versammelten Massen, seiner Gegenüberstellung von Gut und Böse. Das beste Beispiel für diese Art Ballett ist *Spartakus* (1968) von Grigorowitsch, dann sein *Iwan der Schreckliche* (1975). Auch Wassiljew wendet sich der Choreographie zu; sein elegantes Zwischenspiel *Spaziergänge* schmiegt sich den kunstvollen Linien der Musik Rameaus an; es folgen *Ikarus* und kürzlich *Macbeth*. Plissetskaja erweckt *Anna Karenina* zum Leben. Natalia Kassatkina und Wladimir Wassiliow, deren Wirken mit dem Moskauer Jungen Ballett verbunden ist, finden Beachtung mit dem *Sacre du printemps* (1965) und der *Weltschöpfung* (1971, im Kirow-Theater). Igor Belsi inszeniert insbesondere 1969 die *9. Symphonie* von Schostakowitsch im Kirow-Theater; Wladimir Wlassow zeigt 1967 im Bolschoi sein Werk *Asel*.

Die Theater der osteuropäischen Länder übernehmen ihren Aufbau, ihre pädagogische Funktion und die künstlerischen Ziele häufig vom sowjetischen Modell. In Bulgarien (wo der zweijährliche Wettbewerb von Varna allein die Aufmerksamkeit auf sich zieht), in der Tschechoslowakei (trotz der interessanten Arbeit von Smok und Ogoun am Ballet Praha in den sechziger Jahren), in Rumänien, in der DDR (wo Tom Schilling seine Arbeit an der Ostberliner Komi-

schen Oper durchsetzt) gibt es nichts wirklich Originelles. Polen erlebt im Bereich des Balletts keinen Erfolg, der mit denen im Bereich des Theaters und der Musik vergleichbar wäre; nur Conrad Drzewiecki, der seit 1972 das Polnische Tanztheater in Poznan leitet, zeigt eine gewisse Kühnheit und unleugbare Begabung als Regisseur.
Ungarn hingegen hat eine kühnere Kulturpolitik. Die Budapester Oper zeigt Werke von Béjart, Balanchine, Ailey, Ashton und Lander. Seit seinem „Spartakus" hat sich Laszlo Seregi als ein ehrgeiziger Choreograph behauptet, besonders 1975 mit *Die Zeder*; ebenso sein Mitschüler Antal Fodor. Ivan Marko und Katalin Csarnoy (Mitglieder des Balletts des 20. Jahrhunderts), Marta Metzger, Ildiko Pongor und Gabor Kevehazi erlangen internationale Berühmtheit und erweisen sich als würdige Nachfolger von Viktor Rona, Adel Orosz, Viktor Fülop und Zsuzsa Kun. Pecs beherbergt das von Imre Eck gegründete Sopianae-Ballett, das im Gegensatz zur klassischen Schule den Expressionismus erneuert. Seine Hauptchoreographen sind Eck und Sandor Toth. 1979 wird in Györ eine neue Truppe gegründet, die unter der Leitung von Marko steht.

Der König David tanzte vor der Bundeslade und das Volk der Hebräer vor dem Goldenen Kalb : Israel ist ein Land geblieben, in dem der Tanz lebendig und mit der Lebensart eng verbunden ist.
Das Klassische Ballett von Israel (das Berta Yampolsky leitet) drückt sich in traditionellen Formen aus; außerhalb der Grenzen des Landes ziehen vor allem die modernen Truppen die Aufmerksamkeit auf sich. Da ist zunächst die Batsheva Dance Company, ein wahrer Kernpunkt, der 1963 dank der finanziellen Hilfe von Bethsabée de Rothschild und des künstlerischen Anstoßes von Martha Graham entstand. Die Werke von Robbins, Limon, Jooss und Cranko gehören ebenfalls zu ihrem Repertoire. Aus dieser Urzelle sind die meisten israelischen Choreographen hervorgegangen, die heute selbständig sind : Rina Schenfeld, deren Arbeit im Alleingang sich Achtung erzwingt, Moshe Efrati, der Kol Demama leitet (eine Truppe, zu der dank der von Efrati erfundenen Arbeitsmethode auch Hörbehinderte gehören), Mirali Sharon, der seiner Truppe auch den Unterricht zugute kommen läßt, den er bei Nikolais und

Louis erhalten hat. Jeannette Ordman steht an der Spitze des Bat-Dor, einer klassischen und modernen Truppe, die seit 1967 ihren Sitz in Tel-Aviv hat, und Yehudit Arnon leitet die Kibbutz Dance Company (die 1970 gegründet wurde und ihren Ausgangsort im Kibbutz Gaaton in Galiläa hat). Schließlich hat durch die methodische und geduldige Arbeit von Sara Levi-Tanai die Inbal-Gruppe heute ein persönliches Gepräge aufgrund der jemenitischen Folklore-Tradition gefunden.

In Australien ist die berühmteste Truppe das Australian Ballett, das 1962 in Melbourne gegründet wurde. Es wird von Peggy van Praagh, dann von Robert Helpmann und heute von Marilyn Jones geleitet. Es unterhält enge Arbeitsbeziehungen mit dem Londoner Königlichen Ballett und auch mit Nurejew. 1965 gründet Elizabeth Dalman in Adelaide das Australian Dance Theatre, eine Truppe mit moderner Tendenz. Es gibt auch weniger bedeutende Truppen wie das Victoria Ballet (Melbourne), die Queensland Ballet Company (Brisbane) oder die West Australian Ballet Company (North Fremantle). Japan, das seit dem Ende des Zweiten Weltkriegs stark vom Westen beeinflußt ist, besitzt mehrere Truppen, zu deren Repertoire die klassischsten Titel gehören : die Tokyo Ballet Company von Tadatsugu Sasaki, das Tokyo Ballet Theatre, das Tokyo City Ballet und das Stars Dancers Ballet. Zahlreiche japanische Solisten versuchen ihr Glück in Europa, so Hideo Fugakawa oder Yoko Morishita. Aus der Reaktion gegen den klassischen westlichen Tanz und die traditionellen japanischen Tänze entsteht der Butoh, eine starke Bewegung, die man als ein wahrhaftes soziales Phänomen betrachten muß und deren Gewalt, deren vor-apokalyptische Wildheit im kalten Licht einer grausamen Schönheit faszinierend wirken.

Überall hat sich das klassische oder moderne westliche Ballett durchgesetzt. In Manila. In Ankara und in Istanbul. In Ljubljana, Zagreb oder Belgrad, in Jugoslawien, dem wir Duska Sifnios, Milorad Miskovitch und Sparemblek verdanken. Bis in die Volksrepublik China, wo das klassische Ballett, das ursprünglich dem sowjetischen Modell nachgebildet wurde, ein mächtiges ideologisches Instrument ist; so in den Werken *Das Rote Frauenkommando* oder *Das Mädchen mit den weißen Haaren*.

BILDREGISTER

BALLETTREGISTER

NAMENREGISTER

Depósito legal B. 5669-1981